児美川 孝一郎 著

キャリア教育がわかる

実践をデザインするための〈基礎・基本〉

誠信書房

まえがき

　キャリア教育という言葉は，聞いたことがある。「体育館に集合して社会人の話を聞いたり，職場体験に行ったりするやつだよね」くらいには理解している。しかし，「キャリア教育とは何か」なんて正確には知らないし，理解もできていない。「キャリア教育らしきもの」を受けた経験はあるけれど，「あれって，いったい何だったんだ」と思っている若い人たち。

　あるいは，学校関係者であれば，勤務校では「キャリア教育なるもの」を実施している。実は，担任として自らも取り組んでいる。しかし，キャリア教育について体系的に学んだことなどなく，いつも担当の先生に指示されるままであったり，見よう見まねで済ませてしまったりしている。「はたしてこれでいいんだろうか」と思う教師たち。

　こんな若者や教師が増えているのではないか。本文で詳しく述べるが，**日本の学校にキャリア教育が初めて導入されたのは，2004 年**のことである。それから 20 数年も経とうとするわけだから，キャリア教育を受ける側であれ，実施する側であれ，その「経験者」はかなりの数に上るはずである。いや，直接的な経験だけでなく，わが子が学校でキャリア教育を受けた（受けている）という保護者，どうやら最近の若手社員は学校時代に「キャリア教育というもの」を受けてきたらしいと実感している人事担当者や職場の上司，普通にニュース等でキャリア教育について見聞きしたことのある人などの数は，先の経験者の数十倍にもなるはずだ。

　その意味で，この 20 数年のあいだにキャリア教育は，少し大げさに言えば，私たちの「国民的経験」となった。だから，キャリア教育という「言葉くらいは知っているよ」という人は少なくない。しかし，では，キャリア教育は正確に理解されているのかと問うと，そこは怪しい。人によって捉え方に相当な違いがあったりもする。場合によっては，キャリア教育のねらいや

目的についての認識が違っていたりもする。そんな「同床異夢」は，実は教育界の内部にも存在していると言わざるをえない。

　言葉としては普及したが，それについての世間の理解は，まだまだ曖昧模糊とした状態にあるキャリア教育。——本書は，**「キャリア教育」とはいったい何なのかについて，初めて学ぶ人にもわかりやすく，かつ，体系的にまとまったかたちで伝えようとする**ものである。

　主な読者として想定しているのは，大学の教育学部（学科）で，あるいは教職課程においてキャリア教育を学んでいる学生，学校現場でキャリア教育に取り組んでいる教師，教育委員会など教育行政の関係者である。しかし，それはあくまでメイン・ターゲットなので，本来はもっと幅広く，キャリア教育に興味のある保護者や市民，企業の方々，子どもや若者を対象とするキャリア支援に従事しているキャリア・コンサルタントの方などにもお読みいただければと願っている。

　本書のねらいは，キャリア教育について，体系的に，かつ初学者にもわかりやすく伝えることである。——常識的に考えれば，これは，**テキスト（教科書）や入門書**と呼ばれるような書物の役割であろう。しかし，私自身の経験から判断すると，いや，おそらくは一般的にも，およそ「テキスト」と称されるような書物は，小難しい用語や概念，理論などが所狭しに並んでいて，全体の論述に流れやストーリーを感じることができない。かつ（これは，決定的だが），読んでいてちっとも面白くない。絶対にわくわくしたりはしない。

　もちろん，執筆する側にはそれなりの理由や事情があることは理解するのだが，しかし，本書では，できる限りその轍を踏みたくないとも思っている。そのために（悪あがきかもしれないが），本書の叙述においては，以下の点に留意することにした。

　①誰にとってもわかりやすい叙述を心がける。
　②全体を通読すると，書き手からのメッセージが伝わるような構成を工夫

する。

③基本的事項を押さえるだけではなく，何が論点なのかを鮮明にするよう
　試みる。

　我ながら，「ねらいが贅沢すぎる」し，「そんなこと，本当にできるのか」
と考えないわけではない。しかし，やってみる前から諦めてしまうのは，そ
れこそキャリア教育の「教え」に反するだろう。

　そこで，①については，論述の仕方を，教育界のプロパーではない方々に
もわかるように，できる限り工夫するとともに，どうしても必要な専門用語
の解説や文献の参照などは，本文ではなく脚注に回すことにした。

　②については，導入（第Ⅰ部）において，なぜキャリア教育が求められる
のかをしっかりと押さえたうえで，キャリア教育のこれまでの展開（第Ⅱ
部），内容と方法（第Ⅲ部），推進体制（第Ⅳ部），そして今後のゆくえを追
う（第Ⅴ部）という，ある意味でオーソドックスな構成にした。しかし，シ
ンプルな章構成の「行間」には，私自身が何を重視し，何を読者に伝えたい
と考えているのかが滲み出るように意図したつもりである。

　また，③に関しては，本文には，キャリア教育を理解するうえで押さえて
おくべき基本中の「基本」を，トピックには，現時点での争点などを記すよ
うにした。両者を往復しながらお読みいただければ，基本的事項からホット
な争点まで，キャリア教育の全体像がつかめるのではないかと期待してい
る。

　こうした意味で，本書がねらってみたのは，**通常のテキスト（入門書）と
はひと味もふた味も違う，読み物のようなテキスト**を編んでみることであ
る。

　とはいえ，言うは易く行うは難し。こうした工夫が，そもそも実現できて
いるのかどうか，書き手の側の独りよがりになっていないかどうかは，読者
のみなさんの率直な判断に委ねたい。

目 次

第Ⅱ部　キャリア教育のこれまでと現在

第Ⅲ部　キャリア教育の内容と方法

第Ⅰ部

キャリア教育——はじめの一歩

第1章

学校がキャリア教育に取り組む理由

　いきなり「キャリア教育とは何か」という原理・原則から説き起こすのはやめにしよう。何を学ぶにしても，基本のキである「○○とは何か」という問いは，簡単なように見えて，実はいちばん難しいからである。

　今どきの学校は，キャリア教育というものに取り組んでいるということは前提として，では「学校は，なぜキャリア教育に取り組むのか」「キャリア教育に取り組むことには，どんなメリットがあるのか」という問題から考えてみることにしたい。「キャリア教育とは何か」が，高くそびえ立つ山の頂だとすれば，こちらの問いは，ずっと平坦な場所にあって，ビギナーにも登りやすいと思われるからである。

　とはいえ，この問いを考えていくためにも，最低2つのことに留意しておく必要がある。

📖 キャリア教育って？（暫定的な説明）

　1つは，そうは言っても，「キャリア教育とは何か」についての最低限のイメージや輪郭がつかめていなければ，「なぜ取り組むのか」や「どんなメ

リットがあるのか」を考えることはできない。まあ，当然のことではある。

　そこで，ここでは，**中央教育審議会**（中教審）の答申や**学習指導要領**を持ち出すことはしないが，「キャリア教育」を暫定的に次のように説明しておく。——**キャリア教育とは，子どもたちが「社会に出ていく準備」をする教育のことである**，と。

　義務教育の終了後か，高校卒業後か，あるいは専門学校や大学を卒業した後であるかは人によって異なるが，子どもたちは誰でも，いつかは学校を離れ，社会に出ていく。そのための準備を，子どもたちが学校に在学している期間中に行うのが，キャリア教育である。その内容は，ざっくりと言えば，自分の**将来への見通しを立てる**ことであったり，そのために**必要な能力を身につける**ことであったりする。

　そんなに難しいことは言っていないはずだ。確かに，では「どうやって将来への見通しを立てるのか」とか，「社会に出るために必要な能力とは，具体的には何なのか」などと言い出されると，それはそう簡単には答えられない。本書のなかで，おいおい説明していくしかない。とはいえ，そうしたツッコミをいったんペンディングにすれば，先の説明で「キャリア教育とは何か」についてのイメージ（輪郭）をつかむことはできるだろう。

　そのうえで，注意しておきたいのは，ここで言っているのは，「**社会に出ていく準備**」であって，「**職業に就く（就職）準備**」のことだけを指しているのではないという点である。キャリア教育は，子どもたちを職業に就かせるための教育ではなく，彼ら彼女らが「**大人になること**」をトータルに手助けする営みなのである。

　就職の準備だけではなく，子どもたちが主体的に学べるようになり，保護者から自立し，市民としての役割を果たし，（自らがそれを選ぶのであれば）家族を形成するための準備をすること——これらも，キャリア教育の立派な役割である。**キャリア教育を狭く理解してはいけない**ということは，後の章でも繰り返し指摘することになるだろう。

📖 誰にとってのキャリア教育のメリットか

　留意しておくべき点のもう1つは，冒頭で学校がキャリア教育に取り組む「理由」や「メリット」に注目すると書いたが，その場合の理由やメリットを，複眼的に考えておく必要があるということである。

　やや唐突だが，**キャリア教育にとってのステークホルダー（利害関係者）**は誰だろうか。子ども，保護者，教師は言うまでもないとして，あとは学校，教育委員会，文部科学省（文科省）などだろうか。いや，それだけではない。地域社会，民間教育事業者（企業），産業界，政府なども，れっきとしたステークホルダーになる。

　とすれば，学校がキャリア教育に取り組む理由やメリットを考えるのなら，当然ながら，それは誰にとっての理由であり，メリットであるのかに注意しておく必要がある。立場によって，キャリア教育から得られるメリットの中身は違うかもしれない。しかし，内容は違っても，複数のステークホルダーにとってのメリットが期待され，認められるからこそ，キャリア教育が登場した。そして，それは2004年の導入から現在まで20年も続いてきたわけである。

　もちろん，学校がキャリア教育に取り組むことには，**デメリットも存在する**はずである。しかし，デメリットはありつつも，それを凌ぐメリットがあるからこそ，キャリア教育は，今，現に日本の教育界に存在している。かつて哲学者のヘーゲルが，**「現実的なものは理性的である」**と言ったように[*1]，現に存在するものには，それが存在するだけの根拠があるからである。

　では，キャリア教育のメリットとは，何なのか。そして，それは，いったい誰にとってのメリットなのか。

📖 子どもたちにとってのメリット

　1つめに，教育は，子どもたちの成長・発達を支援する営みであり，**子ど**

---

*1　ヘーゲル（上妻精ほか 訳）『法の哲学──自然法と国家学の要綱（上・下）』（岩波文庫）岩波書店，2021年

ものためになされる。とすれば、「キャリア教育」も教育である以上、当然、それが教育であるというそれだけの理由においても、**子どもたちにとってのメリット**となる（はずである）。

「キャリア教育とは何か」「キャリア教育では何をするのか」をまだ十分には伝えていない段階なので、説明が難しいが、次のように言えるだろう。

——子どもたちが「社会に出ていく準備」をする教育に、これまでの学校教育がいっさい取り組んでこなかったということは、さすがにない。しかし、それが十分に手厚いものではなかったがゆえに、キャリア教育が登場した。そう考えれば、キャリア教育を通じて、子どもたちが**自己理解や社会理解を深め**たり、自らの**将来設計を考え**たりすることは、これまでの教育の不足分を補って、彼ら彼女らが**社会に出ていく力を育む**ことに寄与するのではないか。それこそが、子どもたちにとってのキャリア教育のメリットにほかならない。

もちろん、今述べたことは、あくまでキャリア教育を実施する側の意図であり、ねらいである。だから、子どもたちが本当に「社会に出ていく力」を身につけているのかどうかは、実のところは定かではない。図1-1は、内閣府の調査[*2]からの引用であるが、10〜20代の若者に対して端的に、学校時

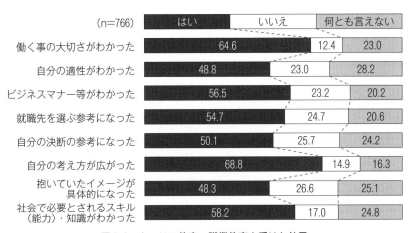

図1-1　キャリア教育・職業教育を受けた効果

---

*2　内閣府　「若者の考え方についての調査」　2011年

代に受けたキャリア教育・職業教育に効果があったかどうかを尋ねた結果である。

　2011年に実施された調査なので，実際には対象者のなかには，キャリア教育を受けたことのない者も含まれていたはずである。だから，質問では，「キャリア教育・職業教育」と併記され，その効果を質問している。こうした点を勘案すると，多少は正確さを欠く部分もあるのかもしれない。しかし，総じて言えば，少なくない若者は，かなり幅広い範囲で学校時代に受けたキャリア教育（職業教育）の効果を実感していると言えるのではなかろうか。

📖 政府・文科省にとってのメリット

　2つめには，意外に思われるかもしれないが，学校がキャリア教育に取り組むことは，**政府や文科省にとってもメリット**となる。政府も文科省も公的機関なので，「メリット」という表現を使うのは適切ではないかもしれない。しかし，表現はともかく，キャリア教育の実施は，政府や文科省からすれば，現在の日本社会が政治や行政に求める役割を，自分たちがきちんと果たしていることを示すことになる。その意味で，政府や文科省には，キャリア教育に取り組む理由があるのである。

　このことは，教育界にキャリア教育が登場することになった経緯と密接にかかわっている。政策上の方針として，日本で初めてキャリア教育の推進が掲げられたのは，2003年に政府が策定した「**若者自立・挑戦プラン**」においてである。実は，「キャリア教育」という（当時は）ほとんどの人にとって馴染みのなかった用語は，この少し前（1999年）の中教審の答申[*3]に登場していた。

　しかし，1999年の答申は，言ってしまえば，考え方の提起にとどまっていて，文科省が本格的にキャリア教育を推進すべく動きだしたのは，「若者自立・挑戦プラン」を契機としてであった。実際，閣議決定された同プラン

＊3　中央教育審議会　「初等中等教育と高等教育との接続の改善について（答申）」　1999年

に基づき，予算的な裏づけも得たうえで，キャリア教育推進の施策が開始されたのは，2004 年度のことなのである。それゆえに，教育行政の関係者のあいだでは，当時，ある種の意気込みを含めて，「**2004 年はキャリア教育元年**」と語られてもいた。

📖 若年就労問題への対応

「若者自立・挑戦プラン」は，内閣府，経済産業省（経産省），厚生労働省（厚労省），文科省が省庁横断的に参画した政府の「若者自立・挑戦戦略会議」が策定したものであり，**新卒の就職難やフリーター（非正規雇用）の増加など，当時の若年就労問題**への対応策をまとめたものである（主な施策は，表 1-1 を参照）。

1990 年代半ば以降，企業における「日本的雇用」（終身雇用，年功型賃金等）が縮小・再編されはじめた結果，若年層のなかには，それまでのように卒業後，「**新卒採用から日本的雇用へ**」というルートに乗ることのできない者が急速に増加していた。それが，2000 年を前後する時期には，若者の就職難やフリーター，無業者（2004 年以降には「**ニート**」と命名された）の

表 1-1　若者自立・挑戦プランの主な施策

小学校段階からのキャリア教育の推進	文科省
日本版デュアルシステム（実務・教育連結型人材育成システム）の試行	文科省，厚労省
若者のキャリア高度化への取り組み（専門職大学院，等）	文科省
若者自立塾の開設（ニート支援）	厚労省
相談活動等を通じた若者の就労支援（ジョブサポーターの活用，等）	厚労省
ジョブカフェ（若年者のためのワンストップサービスセンター）の設置	厚労省，経産省
若者に対する能力評価を明確化するためのシステムづくり（YESプログラム，等）	厚労省
創業・起業支援による若者の就業機会の創出	経産省
起業家教育の推進	経産省
若年者トライアル雇用の実施	厚労省

急増として社会問題化したのである。

　「若者自立・挑戦プラン」は，こうした若年就労問題の深刻化という状況を目の当たりにした政府が，省庁横断的に緊急対応策を講じようとしたものである。その目標は，以下のように示されていた。

> 　本プランにおいては，フリーターが約200万人，若年失業者・無業者が約100万人と増加している現状を踏まえ，当面3年間で，人材対策の強化を通じ，若年者の働く意欲を喚起しつつ，全てのやる気のある若年者の職業的自立を促進し，もって若年失業者等の増加傾向を転換させることを目指す。

　めざされたのは，端的に「**人材対策の強化**」である。そのために，経産省や厚労省は，「ジョブカフェ（若年者のためのワンストップサービスセンター）」の設置や「日本版デュアルシステム（実務・教育連結型人材育成システム）」の試行などの取り組みを開始した。そして，そうした施策と並び立つかたちで文科省が提起したのが，**小学校段階からの体系的・系統的なキャリア教育の推進**だったわけである。その目的は，若年就労問題に対応するための「人材対策の強化」に学校教育を通じて貢献することであり，教育を通じた「**勤労観・職業観の育成**」であった。

📖 成立期のキャリア教育への疑問①

　こうして，**キャリア教育は，勤労観・職業観の育成をねらいとした，若年就労問題への教育的な対応策として登場**した。政策的経緯に照らせば，これが，まぎれもない事実である。しかし，そうした成立期のキャリア教育に対しては，実は当時から少なくない疑問や批判も寄せられていた。やや脇道にそれるが，大事な問題なので述べておきたい。疑問や批判は，大きくは，2点に整理できる[4]。

＊4　詳細は，拙著『権利としてのキャリア教育』明石書店，2007年，を参照。

　1つは，新卒の就職難やフリーターの増加といった若年就労問題に対して，「若年者の働く意欲」を高めることが問題解決につながるという「若者自立・挑戦プラン」の認識は，そもそも妥当だったのかという論点にかかわる。勤労観・職業観の育成に主眼をおく**政策としてのキャリア教育**は，そうした前提認識に乗っかったものであるが，はたしてそれでよいのかという疑問や批判である。

　若年就労問題が発生する原因は，普通に考えれば，両面ある。1つの面は，**労働市場の側の要因**，具体的には企業の採用意欲，その背後にある雇用戦略や採用方針にかかわる問題である。もう1つの面は，**若者の側の意識や能力**にかかわる問題である。本来，この両面は，密接に絡みあう。それなのに，なぜか「若者自立・挑戦プラン」は，前者を等閑視してしまい，もっぱら後者の若者の側の問題に要因を求めていたように見える。

　実は，当時のメディアにおいては，政治家や保守的な論者らが中心となって，若者たちの「働く意欲の欠如」や「甘え」「安易なフリーター志向」を非難するような**若者バッシング**（若者たたき）が横行していた。政府は，こうした若者バッシングの言説に押されて「若者自立・挑戦プラン」の策定に動いたとも言え，その意味で「若者自立・挑戦プラン」の内容は，当時の若者バッシングとも微妙に響きあっていた。こうした時代状況に登場したキャリア教育が，仮にその当時の「若者を鍛え直す」といった発想に絡め取られてしまっていたとすれば，本来，それは望ましいことではない。

📖 成立期のキャリア教育への疑問②

　もう1つは，若年就労問題を念頭において，勤労観・職業観の育成を主眼にするという「キャリア教育」の理解の仕方は，あまりにも狭すぎるという問題である。この点は，先に述べた「キャリア教育とは何か」についての暫定的な説明と比較すれば，一目瞭然であろう。キャリア教育とは，子どもたちが社会に出ていく準備をする教育である。そこには，当然，仕事や職業に従事するための準備，その一環としての勤労観・職業観の育成も含まれるだろう。しかし，キャリア教育の営みを勤労観・職業観の育成にだけ閉じ込め

てしまうのは，やはり**狭すぎる理解**である。

　見てきたように，成立期のキャリア教育には根本的な疑問や問題点もあるが，事実として，キャリア教育は，若年就労問題への教育的な対応策として登場した。そして，そのことは同時に，現時点でも学校がキャリア教育に取り組んでいる理由の1つでもある。キャリア教育の登場以来，すでに20数年が経とうとしているが，若年就労問題は消滅したわけではない。景気の浮き沈みによって，若年層の就職難や非正規雇用の問題の深刻さは変動するが，根本的な意味では，若年就労問題は今でも存続していると言わなくてはならない。

📖 学校や教師にとってのキャリア教育のメリット

　少々話が長引いたが，3つめに，学校がキャリア教育に取り組むことには，**学校や教師にとっても明快なメリット**がある。ただし，このことを，学校や教師がどれだけ意識し，自覚しているのかは心もとない点も残る。なぜなら，ここで述べるメリットは，通常はキャリア教育との関連では意識されてはいないと思われるからである。

　単刀直入に言ってしまえば，学校や教師にとってのキャリア教育のメリットは，**キャリア教育に取り組むことが，子どもたちの学習意欲を向上させる**という点にある。

　図1-2を見ていただきたい。これは，国立教育政策研究所 生徒指導・進路指導研究センターが実施した調査[*5]から，学校が「キャリア教育をどれだけ重視しているか」という項目と，「子どもたちの学習意欲の向上をどの程度感じているか」という項目との相関関係を表したものである。

　一見してわかることは，小・中・高校のどの学校段階においても，**キャリア教育を重視する学校であればあるほど，学校側は，児童・生徒の学習意欲の向上を実感している**という基本的な事実である。端的に表現してしまえば，**キャリア教育は児童・生徒の学習意欲を高める**可能性が高いのである。

---

*5　国立教育政策研究所 生徒指導・進路指導研究センター 「キャリア教育・進路指導に関する総合的実態調査 第一次報告書」 2013年

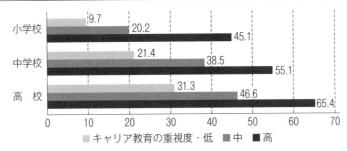

図1-2　キャリア教育の重視度と児童・生徒の学習意欲

これはまさに，学校や教師がキャリア教育に取り組むことの確実なメリットにほかならない。

📖 将来への見通しと学習意欲

　なぜ，こんな調査結果が出てくるのか。冷静に考えてみれば，それほど複雑な理由ではなかろう。

　キャリア教育は，子どもたちに**自己の将来**について考えさせる。——何を大事にして，どんな生き方をしたいのか，自分の人生において実現したいことは何か，どんな仕事に就いてみたいか，等々。子どもは，こうした意味での**将来の目標**を持つことができれば，そこに向けて，今は学校に通っている自分が，何をすればよいのかを考えはじめる。そして，**目の前にある学校での学習が，将来につながっている**ことを理解するようになる。それが，まさしく学習意欲を高めるのである。もちろん，ここで言っているのは，すべての子どもが必ずそうなるという意味ではない。何もしないでいる状態よりも，学習意欲の向上を促すことが大きく期待できるだろうという意味である。

　急いで付け加えておくが，ここで言う将来の「目標」は，何らかの人生論を踏まえたような大仰な理想である必要はまったくないし，「将来の夢は，○○になることです」などと，堂々と人に言えるものでなくてもよい。そして，「キャリア教育」を狭く理解する人には誤解があるかもしれないが，**職業や仕事だけが，将来の目標であるわけでもない**。

　もっと素朴に,「こんな大人になってみたい」でいいし,「家族や友人を大事にしたい」とか,「地元に貢献したい」でもいい。自分の「得意」や「好き」を生かして働きたいなんて目標もあるかもしれない。

　また,目標は,一度立てたら,ずっとそれを守り続けなくてはいけないのかと言えば,そんなこともない。子ども時代に考えた将来の目標が,次々と変わっていくことはいくらでもある。もちろん,子どものときから大人になるまで,1つの目標を貫き通す人がいてもいい。しかし,全員がそうでなくてはいけないわけではない。

　いずれにしても,子どもたちは,キャリア教育によって将来への見通しを得ることで,自己の将来と現在とのつながりを意識できるようになる[*6]。その結果,目の前の学習への意欲をかき立てられる。「見通し」は,将来の不動の目標を決めることではなく,将来を考えるための「視点」を得ることであるが,その結果が学習意欲の向上につながるとすれば,それこそが,キャリア教育に期待される効果なのである。

📖 子どもたちの学習の動機づけ

　ところで,子どもたちを学習に向かわせる動機づけには,大きく分ければ,2種類ある。1つは,「内発的動機づけ」と呼ばれ,学ぶこと自体が面白いから学ぶ,学んでいる内容にひかれるから学ぶ,といった動機づけのことである。もう1つは,「外発的動機づけ」であり,がんばって勉強すれば,親や周囲が評価してくれるから学ぶ,いい高校・大学に進学したいから学ぶ,単位取得のために学ぶ,といった動機づけである。

　注意しておきたいのは,内発的動機づけが「善」で,外発的動機づけは「悪」であるといった具合に,2つの動機づけを価値的に分類すべきではないという点である。外発的動機づけに促されて学びはじめたとしても,学んでいくプロセスのなかで,学習内容そのものの面白さを実感しはじめ,外発

[*6] 将来のライフと現在のライフの「2つのライフ」のつながりについては,豊富な研究の蓄積がある。溝上慎一 編 『大学生論——戦後大学生論の系譜をふまえて』 ナカニシヤ出版,2002年,を参照。

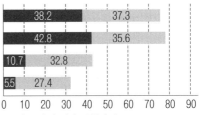

図1-3　勉強する理由

的動機づけが内発的動機づけへと転化していくといったことは，十分に起こりうる。

　ただ，そうした点に留意したうえで言えば，これまでの日本の学校教育は，子どもたちの**学習の内発的動機づけを喚起することには十分な成果を出せず**，逆に，「学歴社会」を背景とした受験体制や学力獲得競争といった外発的動機づけを作用させることで，辛うじて子どもたちの学習意欲を引き出してきたきらいがあるのではないか。

　図1-3は，ベネッセ総合教育研究所が実施した調査[*7]から，中学生に自分が「勉強する理由」について尋ねた質問への主要な回答を抜き出したものである。

　上2つの質問が外発的動機づけを，下2つの質問が内発的動機づけを示している。一見してわかるように，中学生の回答は，圧倒的に外発的動機づけの側に偏っている。

　こうした傾向は，実は今にはじまったものではない。すでに半世紀近くも前から，IEA（国際教育到達度評価学会）が実施してきたTIMSS（国際数学・理科教育動向調査）の結果を見れば，数学・理科の学力を測るテストにおいて，日本の子どもたちの成績は，つねに世界のトップクラスを保持してきた。にもかかわらず，数学や理科の学習を「好き」と答える子どもの割合は，国際平均をはるかに下回ってきたのである[*8]。

---

*7　ベネッセ総合教育研究所　「小中学生の学びに関する調査報告書」　2015年

*8　須藤敏昭　「『日本型高学力』の現在と『学力低下』論議」『教育』　2000年3月号，国土社，を参照。

📖 キャリア教育と学習の動機づけ

　子どもたちの学習意欲の向上に関連して，キャリア教育にできることは，直接的に学習への内発的動機づけを喚起することではない。当たり前のことであるが，それには，授業そのものを子どもたちにとって興味深く，魅力的なものにしていく以外に方法はない。しかし，現時点では，「いい進学」や「いい就職」のためといった社会的な評価に依存して，子どもたちからすれば，かなり縁遠い外発的動機づけになっているものを，もう少し**子どもの側に引き寄せ，主体的と言える動機づけに転換していく**ことは，キャリア教育にできることであろう。

　もちろん「縁遠い」動機づけでも学習への意欲を奮い起こせる子どももいるだろうが，そうした子どもがすべてではない。むしろ，少数派であろう。しかし，だからこそ，そこにキャリア教育の出番がある。いい進学やいい就職といった**世間的評価に引きずられる**のではなく，**子ども自身が主体的に考えた自らの将来への見通し**に基づいて，目の前の学習の意味や必要性を実感できるように促すのである。実際，先の国立教育政策研究所　生徒指導・進路指導研究センターの調査結果が示していたように，こうした経路を通じて，学校がキャリア教育に取り組むことは，子どもたちの学習意欲を向上させることに貢献していると言えるだろう。

　普通の発想では，キャリア教育と学習意欲の関連に思い至ることはあまりないかもしれない。「俗流」の理解においては，キャリア教育は，「夢」や「やりたいこと」，将来の就きたい職業を考えることが中心なので，教科の学習とは無関係であると思われているからである。しかし，そうではなく，キャリア教育には，子どもたちの学習意欲の向上に資することが期待できる。これが，学校や教師がキャリア教育に取り組むことの明快なメリットであり，理由でもある。

📖 第 1 章のポイント

　① キャリア教育は，狭い意味での職業準備ではなく，子どもたちが社会

に出ていく準備をする教育として幅広く理解される必要がある。

2　学校がキャリア教育に取り組む理由の 1 つは，子どもたちが「社会に出ていく力」を獲得するためである。

3　理由の 2 つめは，政府や文科省が若年就労問題の深刻化に取り組むためである。

4　ただし，そうした政策としてのキャリア教育には，若年就労問題の原因をもっぱら若者の側にのみ求め，キャリア教育を「勤労観・職業観の育成」として狭く捉えてしまう問題点がある。

5　理由の 3 つめは，子どもたちの学習意欲を向上させるためである。

トピック１

地方創生とキャリア教育

　第１章では，学校がキャリア教育に取り組む理由を，子どもたち，政府・文部科学省（文科省），学校・教師それぞれにとってのメリットは何かという点から考えてみた。キャリア教育にかかわる主要なステークホルダーは押さえたはずであるが，実は近年では，これらとは別に，キャリア教育の展開にとって有力な，もう１つのステークホルダーが登場してきている。

　端的に，**地域社会**である。上記の政府・文科省と同様のポジションにあるとも言えるが，**中央と地方との違い**は，やはりキャリア教育への期待を異なるものにしている。つまり，地方自治体や地域の学校が，キャリア教育に積極的に取り組む背景には，政府や文科省とは異なる**固有の理由（メリット）**が存在するのである。「**地方創生**」こそが，そうした地域の側におけるキャリア教育の推進のねらいを集約するテーマにほかならない。

📖 地方創生とは？

　「何を今さら」と思われてしまうかもしれないが，地方創生とは，**第２次安倍政権**（2012 年～）によって推進された**地方活性化**の政策である。日本

社会全体における**少子・高齢化と人口減少**の傾向を見据えたうえで，これらのトレンドに歯止めをかけ，「東京一極集中」の是正を図りながら，地方の産業・雇用・生活基盤・消費等を維持・発展させることをめざしたものである。

　背景には，少子・高齢化，人口減少のトレンドがこのまま続いていくと，2040 年には，全国の地方自治体の約半数にあたる 896 自治体が「**消滅可能性都市**」になると予測した，いわゆる「増田レポート[*1]」の影響もある。その後，2014 年には「**まち・ひと・しごと創生法**」が成立し，それを具体化する「まち・ひと・しごと創生長期ビジョン」が策定された。さらに，長期ビジョンに基づき，以後は 5 年ごとに，「まち・ひと・しごと創生総合戦略」が作成されることになった。

　以上のような経緯において，本書の観点から注目しておくべき点が 1 つある。それは，こうしたかたちで「地方創生」が政府レベルの政策に位置づけられたことを前提として，**それを推進するための補助金事業**が，それなりの規模で展開されるようになったという点である。

📖 地域に根ざす教育とキャリア教育

　実際，以下に見るような**地方自治体が取り組んでいるキャリア教育**のうち，広い意味での「**地方創生**」**の目的とも重なる施策**は，何らかのかたちで政府による地方創生関連の補助金を活用しているものが少なくない。もちろん，補助金事業がスタートする以前から，自治体独自の施策として開始されたものもあるが，それらの多くも，補助金事業の開始後には事業規模を拡大させたり，施策内容を充実させたりといった経緯をたどっている。

　では，地方創生への寄与が期待されるキャリア教育として，現実にはどんな取り組みがなされているのか。各地で取り組まれている事例を念頭におきつつ，単純化を覚悟で 4 つに整理してみたい。

[*1]　日本創成会議 「成長を続ける 21 世紀のために『ストップ少子化・地方元気戦略』」 2014 年。座長であった増田寛也（東京大学公共政策大学院客員教授・当時）の名前をとって，「増田レポート」と呼ばれている。

　第1は，「**地域に根ざす学校づくり**」型である。このタイプの取り組みでは，「**コミュニティ・スクール（学校運営協議会）**」制度[*2]を導入したり，「**地域学校協働活動**」[*3]を積極的に展開したりすることで，**地域に開かれた学校**を実現し，**学校づくりと地域づくり**をともに進めることがめざされている。そうした「地域とともにある学校」で育つ子どもたちが，地域社会に対する理解を深め，愛着を感じるようになるとともに，「地域で生きる」自らのキャリアについて考える機会を提供することが，キャリア教育の目的となる。

　第2は，「**郷土教育**」型である。「**ふるさと教育**」などと呼ばれることも多いが，ねらいは「地域に根ざす学校づくり」型と変わらない。それを，より意図的・教育的な働きかけとして実施しようとするものである。**地域の自然や生活，歴史や文化を教材とする教育を積極的に行い，そこにキャリア教育としてのねらいも重ね合わせる**[*4]。そうすることで，子どもたちの地域理解と地域への愛着を深め，将来の地元定着や，いったんは地元を離れた場合でも，後々のＵターンなどを促すきっかけをつくることが期待されている。

📖 地域づくりとキャリア教育

　以上は，**学校教育としての日常的な取り組みが，キャリア教育としても，地域活性化にもつながる**ことを期待したものであるが，もっと直接的に地方創生に寄与するキャリア教育の実施を企図した取り組みも存在している。

　第3は，「**まちづくり・地域おこし**」型である。事例としては，人口減少が進む離島において，いったん廃校の危機にまで直面した高校が，独自の

＊2　2004年の「地方教育行政の組織及び運営に関する法律（地教行法）」の改正によって実現した仕組み。地域の声を学校運営に生かし，学校と地域が一体となった学校づくりを進めていくために，それぞれの学校に「学校運営協議会」を設置できるようになった。

＊3　2017年の社会教育法の改正によって法的に位置づけられた活動。地域と学校が連携・協働し，地域全体で子どもたちの学びや成長を支えるとともに，学校を核とした地域づくりをめざす。

＊4　鳥取県や秋田県大館市のように，これを明確に「ふるさとキャリア教育」と名づけている事例もある。

高校魅力化プロジェクト（県外からの「島留学」の促進，地域課題の解決をめざす探究的な学習の実施など）に取り組んだ島根県の隠岐島前高校の取り組みが有名であろう[5]。全国に知られるところとなったが，**地域の再生と学校（高校）の再生**を重ね合わせ，それがその場に参画する生徒にとっては，自らの将来を考えるキャリア教育の絶好の機会にもなるという点に最大の特徴がある。

　同様の取り組みは，島根県内だけではなく，全国に波及し広がりつつある。また，**専門高校**などでは，職業教育とかかわって**地元の産業界**と結びつき，地域活性化や地域産業の担い手の育成に貢献する事例なども出てきている。

　第4は，「**地域課題解決学習**」型である。まちづくり・地域おこしに直結するわけではないが，子どもたちに**地域が抱える問題や課題を探究**させ，**課題解決に取り組ませる**キャリア教育が，各地で展開されるようになった。自らの「夢」や「やりたいこと」を，抽象的に（言ってしまえば，上滑りに）探索させるのではなく，まずは，自分たちが居住する地域の現状と課題を知り，地域の未来を見つめさせる。そこに，自己の役割や生き方を重ね合わせつつ，将来設計を深めさせるというねらいである。広い意味で，将来の**まちづくりの担い手**を育成することにもつながる営みであろう。

📖 キャリア教育のもう1つの「顔」

　大都市圏を前提にキャリア教育を考えると，就職難やフリーター，ニートの増加といった問題が思い浮かぶかもしれない。若年層の失業や非正規雇用を減らすことが，何よりの課題なのだ，とも。

　これらは，決して間違いではない。取り組む必要のない課題であるわけでもない。しかし，視点を大都市圏ではなく，**地方（地域社会）**に移してみると，キャリア教育のもう1つの「顔」が見えてくるのではないか。地域の存続，活性化に期待されるキャリア教育の役割である。

---

*5　山内道雄ほか『未来を変えた島の学校──隠岐島前発 ふるさと再興への挑戦』岩波書店，2015年，を参照。

　日頃は，私たちはいつの間にか大都市圏からの見え方（観点）に慣れすぎてしまっているのかもしれない。しかし，地方からはどう見えるのかという点にもつねに留意しておくようにしたい。それは同時に，私たちのキャリア教育の理解を豊かなものにもしてくれるだろう。

第 2 章

誤解にまみれたキャリア教育

　キャリア教育は，2004 年に登場したときから現在に至るまで，多くの**誤解**にまみれてきた。そうした誤解は，政治家や産業界，あるいは世間一般に見られただけではなく，教育界の内部にもあまねく広まっていた。この章では，代表的であると思われる「誤解」を取り上げて，その誤解たるゆえんを解きほぐしていきたい。

　たかが誤解と思われるかもしれない。しかし，**されど誤解**でもある。私自身はキャリア教育に対する悪意のある誤解が，それほど多く存在しているとは思っていない。しかし，「善意の」とは言わないが，**「悪意のない誤解」は，実はかえって厄介**でもある。キャリア教育を正しく理解してもらえないだけではなく，意図やねらいがうまく伝わらない。うまく伝わらないだけではなく，曲解されてしまうこともある。

　それだけではない。キャリア教育を進めようとする者どうしが会話をしても，お互いが「キャリア教育」として想定している内容がずれていたり，異なっていたりするので，話がかみ合わず，すれ違ってしまうということも起きる。かなり残念なことである。

　以下では，こうした意味で，キャリア教育の着実な普及を妨げているとも

言える7つの誤解のヤマに迫ってみたい。あらかじめ断っておくと，取り上げる順序には系統性や理屈があるわけではなく，順不同である。

📖 キャリア教育への誤解①
——新たな課題が降ってきた？

　キャリア教育がはじまった頃，学校現場を訪れると，よくこんな声を聞いた。——「ん，キャリア教育？　何だかよくわからないけど，また**新たな課題が降ってきたのか**」と。

　要は，「現場が望んだわけではないし，その必要性を主張したわけでもない。それなのに，いきなり**トップダウンの政策**が下りてきて，何やら**新しい負担**が増えそうだ」という反応なのである。言外には，諦めとため息が入り交じったような，「やってられないよ」という心の声も聞こえてきた。

　キャリア教育の出発時の，こうした教師たちの反応をどう考えたらよいだろうか。実は，教師たちの反応には根拠がないわけではないし，（言い方は適切でないかもしれないが）同情の余地も多いにある。

　問題を2つに分けよう。1つめは，キャリア教育がトップダウンの政策によって開始されたのかどうかということ。——これは事実である。

　第1章で見たように，キャリア教育は，**1990年代半ば以降に深刻化した若年就労問題に対する政策的な対応の一環**として，政府および文部科学省（文科省）によって導入された。学校現場の教師からすれば，キャリア教育が，突如として降ってきた施策に見えたとしても不思議はない。

　問題の2つめは，では，キャリア教育は「新たな課題（負担）」だったのかということ。——これに対しても，教師たちがそう思ったのには相応の理由がある。

　まずは，「キャリア教育」という用語は，このときに初めて登場したものであった。また，もっと根深い問題としては，戦後の日本の学校教育は，社会状況の変化とともに，つねに**新しい教育課題を抱え込み続けてきた**。

　公害や自然破壊が社会問題になると，「公害教育」や「自然保護教育」を！　情報社会の到来が見えはじめると，「情報教育」を！　環境問題への国際的

な取り組みがはじまると,「ESD（持続可能な開発のための教育）」や「SDGs（持続可能な開発目標）」に向けた教育を！　18歳選挙権が実現すれば,「主権者教育」を！　デジタル社会に向けては,「ICT教育」と「プログラミング教育」を！──思いついた例にすぎないが, 新たな社会問題や課題が発生すると, つねに**学校教育には, それらの問題や課題に対応する教育の実施**を求められてきた。

　教育は万能薬ではないし, すべての問題や課題を抱え込めるわけもない。そんなことをしていたら, 学校の**カリキュラムは詰め込みすぎ**で膨れあがってしまう（カリキュラム・オーバーロード）。にもかかわらず, そんな所業を強行してきたのが, 戦後の教育政策だったのではないか。それゆえ, そうした**押しつけ**を経験してきた教師たちが, キャリア教育に対して,「またまた上から降ってきた新たな課題か」と捉えたとしても, それ自体はいたって自然な反応であったようにも思える。

📖 キャリア教育は, 学校の本来の役割

　述べてきたような理由で, キャリア教育を上から降ってきた, いわば自分たちには「疎遠」なものと感じてしまう教師たちには, 同情を感じる点も少なくない。

　しかし, 次の1点だけは, やはり誤解を解きほぐしておく必要があると思っている。それは, **キャリア教育は, はたして学校教育にとっての「新たな課題」**だったのかという点である。

　確かに, キャリア教育という言葉は, 以前には存在していなかった。しかし, 学校がキャリア教育を通じて担おうとする役割は, それ以前の学校には存在せず, 必要性もないものだったのだろうか。第1章では, キャリア教育を暫定的に**子どもたちが「社会に出ていく準備」をする教育**と説明した。では, そういう役割や課題は, キャリア教育の登場以前の学校には, はたして求められなかったのか。

　そんなことはないはずだ。キャリア教育という言葉などなくても, 学校は伝統的に, 子どもたちが社会に出ていく準備, そのための**心構えの獲得, 必**

要な態度や能力の育成といった役割を担ってきたはずである。教育基本法の第5条（第2項）には，義務教育の目的として「**社会において自立的に生きる基礎**」を培うことが挙げられているが，学校現場において「**自立**」や「**社会的自立**」と言われてきたことが，まさにこれである。

そうであれば，キャリア教育とは，もともと日本の学校が引き受けていた役割に取り組むことにほかならない。**学校にとって馴染みのない，新たな課題にゼロから取り組むわけではない**のである。こう考えれば，多くの者が抱いてきた「キャリア教育」のイメージは，ずいぶんと変わるのではなかろうか。

📖 キャリア教育への誤解②
——職業を扱わないとキャリア教育ではない？

キャリア教育の出発時の学校現場では，「**キャリア教育である以上は，職業を扱わないといけない**」という声を聞いたり，そう考える教師たちに接したりすることも少なくなかった。そこにあるのは，「**子どもたちの将来の職業選択に資する教育＝キャリア教育**」といった理解であった。

何度も確認してきたように，キャリア教育は職業への準備教育ではなく，社会に出ていく準備であるという観点からすれば，そうした発想は，明らかな誤解である。しかし，そんな誤解が生じてくる原因が，確実に存在していたことも否定しえない。

繰り返し述べているように，政策サイドにおけるキャリア教育の推進は，政府・文科省が，1990年代後半以降の若年就労問題への対応としてキャリア教育を活用しようとした点に端を発している。そして，その際のキャリア教育の目的は，「勤労観・職業観の育成」に置かれていた。こうした**キャリア教育政策**に接した教師たちが，「キャリア教育に取り組む以上は，職業を扱わないといけない」と考えたとしても，ある意味で仕方のないことであろう。

併せて言えば，「勤労観・職業観」という言い方にも，誤解を生む余地があった。このうちの**勤労観とは，本来は働くことに対する意識**であり，その

場合の「働くこと」には，**報酬を対価とする労働（職業に就いて働くこと）**だけではなく，**ボランティアや地域での活動，家族・学校やさまざまな団体・組織における役割の遂行**などの幅広い内容が含まれている。しかし，「勤労観・職業観」とくくられることで，こうしたもともとの意味の広がりは減殺されて理解されてしまったのである。

　いずれにしても，キャリア教育を「職業」や「勤労観・職業観」にだけ紐づけて理解してしまうのは，**成立期のキャリア教育政策の呪縛**である。いち早く，こうした呪縛から自由になり，本来の意味でのキャリア教育に自由闊達に取り組む学校や教師が多数派となることを期待したい。

📖 キャリア教育への誤解③
──小学校なのでキャリア教育はまだ早い？

　キャリア教育がスタートしたとき，文科省から研究指定校に選定された小学校の助言者を務めたことがある。このときによく聞いたのが，「**キャリア教育は，小学校ではまだ早いのでは**」という教師たちの率直な声である。研究指定校としての研究をサボタージュしようというわけではなかった。子どものことを最優先に考えた末の「戸惑い」とでも言ったらよいかもしれない。

　小学校の教師たちがこう考えてしまっていた最大の理由は，先に述べた「誤解②」に基づいていた。キャリア教育は**職業**を扱い，子どもたちの**将来の職業選択に資する**ことを目的とするらしい。だとすれば，「小学生には少々早すぎるのではないか」というわけである。これが誤解であることは，先に説明したばかりなので，ここでは繰り返さない。

　もう１つ，小学校の教師たちが，**キャリア教育を従来の「進路指導」と重ねて理解していた**ことが，「小学校ではまだ早い」という認識の根拠になっているようにも思えた。中学校までは義務教育であるため，これまでの小学校では，子どもたちに卒業後の進路について指導するという発想はなかったし，「進路指導」という概念も存在していなかったからである。

　進路指導は，確かにキャリア教育の中核を担う営みである。しかし，「進

路指導＝キャリア教育」ではなく，キャリア教育には，子どもたちが社会に出ていくための準備として，進路指導だけには収まらないさまざまな役割が求められる。それは，**社会的自立のための意識，態度，能力**の形成であるとも言える。

こうした意味でのキャリア教育は，進路指導に限らず，**学校の教育課程全体を通じて取り組まれるべき**であり，しかも，**小学校・中学校・高校と系統的に積み上げられる必要がある**。この点で，小学校においても，キャリア教育への取り組みが求められるのである。

表2-1は，国立教育政策研究所 生徒指導研究センターがまとめた報告書[*1]から，それぞれの学校段階における，キャリア教育の観点から見た児童・生徒の発達課題を示したものである[*2]。一瞥してわかるように，学校教育全体を通じたキャリア教育において，小学校は，まさに全体の「基盤形成の時期」としての役割を担うのである。

表2-1 学校段階別に見た職業的（進路）発達段階，職業的（進路）発達課題

小学校段階	中学校段階	高等学校段階
〈職業的（進路）発達段階〉		
進路の探索・選択にかかる基盤形成の時期	現実的探索と暫定的選択の時期	現実的探索・試行と社会的移行準備の時期
〈職業的（進路）発達課題〉		
• 自己及び他者への積極的関心の形成・発展 • 身のまわりの仕事や環境への関心・意欲の向上 • 夢や希望，憧れる自己イメージの獲得 • 勤労を重んじ目標に向かって努力する態度の形成	• 肯定的自己理解と自己有用感の獲得 • 興味・関心等に基づく職業観・勤労観の形成 • 進路計画の立案と暫定的選択 • 生き方や進路に関する現実的探索	• 自己理解の深化と自己受容 • 選択基準としての職業観・勤労観の確立 • 将来設計の立案と社会的移行の準備 • 進路の現実吟味と試行的参加

＊1 国立教育政策研究所 生徒指導研究センター 「児童生徒の職業観・勤労観を育む教育の推進について（調査研究報告書）」 2002年

＊2 なお，この報告書はキャリア教育の胎動期のものであるため，「キャリア発達」ではなく，「職業的（進路）発達」という用語が使われていた。

📖キャリア教育への誤解④
——職場体験をやっているので大丈夫？

　おそらく，少なくない中学校の教師たちは，「うちの学校は，**職場体験**を
ちゃんとやっているので，キャリア教育は大丈夫」という感覚を持っている
のではないか。中学校であれば，従来から一連の**進路行事（ガイダンス，社
会人や卒業生などによる講話，事業所や上級学校などの見学・訪問，三者面
談，等）**が組まれており，キャリア教育がはじまってからは，職場体験にも
熱心に取り組んでいる。言外に「文句はないでしょ」といった感じである。

　気持ちはよくわかる。あまりに多忙な中学校の日常を考えれば，これだけ
のことをこなすだけでも，ひと苦労である。しかも，キャリア教育の出発
時，文科省の**教育政策がもっとも力を入れたのは，全国の中学校で5日間連
続の職場体験を実施すること**であった（表2-2を参照）。

　教師たちからすれば，もともと中学校としての進路指導は，ちゃんとやっ
てきたのだから，あとは職場体験を実施すれば十分だろうと思うのも無理か
らぬところではある。しかし，それではやはり「キャリア教育についての理
解は狭い」と指摘せざるをえないのである。

　先にも述べたように，進路指導はキャリア教育の中核を担う営みである。
しかし，それがキャリア教育のすべてではない。また，**職場体験は，キャリ
ア教育としてのねらいを有した重要な啓発的経験（体験学習）**である。しか
し，それでキャリア教育のすべてが満たせるわけではない。

　キャリア教育は，もっと**学校の日常の教育活動に根ざし，そこに組み込ま**

表2-2　職場体験の導入に関する政策

2004 年	「新キャリア教育プラン」開始（全国に「キャリア教育推進地域」を指定）
2005 年	「キャリア・スタート・ウィーク」開始（中学校での5日間連続の職場体験の試行）
	職場体験等の実施に関する指導資料作成協力者会議，発足
2006 年	「中学校職場体験ガイド」刊行
2007 年	国立教育政策研究所　生徒指導研究センター　「職場体験・インターンシップに関する調査研究報告書」発行

れなければならない。それゆえに，「○○さえ，やっていれば」という発想は，たとえ○○にどんな内容が入ろうとも，そもそもキャリア教育には馴染まないのである。

📖 キャリア教育への誤解⑤
──専門高校（学科）なので万全？

　工業科や商業科といった専門高校（高校の専門学科）に勤める教師たちには，「うちの学校は**専門学科**なのだから，キャリア教育は万全だ」という思いがあるかもしれない。普通科の高校とは違い，**職業教育**を通じて，生徒の卒業後の進路を見据えた教育を行い，社会に出てから求められる意識や態度，能力の育成に日々取り組んでいるのだという自負もあるだろう。

　教師たちの思いはわからなくはない。しかし，専門学科が担う**職業教育とキャリア教育は，重なるところもあるが，同義なわけではない。**

　図 2-1 は，キャリア教育の出発時，その推進のために設置された調査研究協力者会議の報告書[*3]に掲載されたものである。一見してわかるように，キャリア教育は，専門教育（職業教育）を通じてもなされるが，それだけでは十分ではなく，先にも述べたように，**学校教育全体を通じて**取り組まれる必要があるのである。

図 2-1　各教科等とキャリア教育

───────────

*3　キャリア教育の推進に関する総合的調査研究協力者会議　「報告書──児童生徒一人一人の勤労観，職業観を育てるために」　2004 年

　ちなみに，2011年の中央教育審議会（中教審）答申[*4]の整理によれば，職業教育とキャリア教育の関係は，以下のように区分される。

> 職業教育：一定又は特定の職業に従事するために必要な知識，技能，能力や態度を育成する教育
> キャリア教育：一人一人の社会的・職業的自立に向け，必要な基盤となる能力や態度を育成する教育

　端的に言えば，職業教育とキャリア教育では，育てようとする能力が，特定の職業や職種において通用する**特殊なもの**であるか，それとも，どんな分野に進んでも求められる**汎用的なもの**であるかという点で，大きな違いがある。また，**職業世界が求める知識・技能等の必要性から出発する**職業教育と，**個人の必要性から出発する**キャリア教育とでは，そもそものベクトルは，逆を向いているとも言える。

　もちろん，職業教育を受けることを通じて，キャリア教育で求められる能力や態度を身につけることもあるだろう。しかし，それで，キャリア教育のすべてを代替できるわけではない。その意味で，専門高校（専門学科）といえども，職業教育をしているだけで万全とは言えないのである。

　なお，高校には，専門高校（専門学科）とは別に総合学科の高校もある。総合学科のカリキュラムは，原則履修科目として「産業社会と人間[*5]」が設置され，職業教育にかかわる「系列」（まとまりのある選択科目群）が置かれるなど，キャリア教育とは親和的である。そうだとすると，総合学科であれば，キャリア教育は万全なのか。

　普通科や専門学科よりもキャリア教育に取り組みやすいという点はあるだろうが，やはり総合学科においても，特定の科目に依拠するのではなく，教育課程全体でキャリア教育に取り組んでいくことが求められるだろう。

---

*4　中央教育審議会　「今後の学校におけるキャリア教育・職業教育の在り方について（答申）」　2011年
*5　高校1年次に設置され，産業社会における自己の生き方について，「職業と生活」「産業の発展と社会の変化」「進路と自己実現」といった内容について，体験学習や討論などを通じて学ぶ。

📖 キャリア教育への誤解⑥
——進学校なのでキャリア教育は必要ない？

　同じく高校でも，普通科のいわゆる「進学校」に勤務する教師たちは，口に出すかどうかは別として，**「進学校にはキャリア教育なんて必要ない」**と考えている節がある。生徒も教師も，目の前にある**大学受験への対応に必死**なのだから，キャリア教育などに時間やエネルギーを使っている余裕はないのだ，と。

　卒業後の進路として**就職を希望する生徒**を抱えているような高校であれば，**インターンシップ**の実施をはじめ，キャリア教育の取り組みが必要であることは，普通に理解されるであろう。しかし，進学校の教師たちは，ホンネのところでは「自分たちの学校は，生徒全員が大学進学希望なのだから，そんな必要はない」と思っているのではないか。しかし，はたしてそうなのか。

　放っておいても，生徒は自分の将来のことをしっかりと考え，受験しようとする学部や学科の選択に迷うことはない。——そんな優秀な生徒ばかりが集まる恵まれた高校であれば，先のような「理屈」も成り立つかもしれない。しかし，実際には進学校だからといって，生徒たちが皆，しっかりとした**将来設計**ができているとは限らない。いや，限らないどころか，進学校だからこそ，**目先のゴールである「大学進学」そのものが目的になってしまい**，その先の**将来設計はあやふやなまま**というケースも圧倒的に多いのではないか。

　そうした生徒は，結局のところ，**大学の知名度や偏差値**を基準にして志望校や受験する学部を決めてしまう。だから，同じ生徒が，A大学の法学部と経済学部と人間科学部をすべて受験するといった現象が平然と生じるのである。多少とも将来のことまで見通して受験するのであれば，本来は，A大学の法学部，B大学の法学部，C大学の法学部を受験するといったパターンになるはずなのに。

　こうした知名度や偏差値に基づく大学・学部選びは，仮に入試を突破できたとしても，**入学後の大学教育とのミスマッチ**を引き起こしやすい。生徒た

ちは，学部の専門性に興味があって，何としてもその内容を学びたいといった主体的な理由ではなく，**「就職に有利だから」「つぶしが効きそうだから」**といった理由で学部選びをする可能性も高くなる。その結果，入学後には「こんなことを学ぶ学部だとは思わなかった」といった反応も出てくることになりかねない。そうしたことが，在学中の**学習意欲の喪失**や，ひいては**大学中退**の要因にもつながっていくのである。

　こうした意味では，実際には進学校でこそ，生徒たちが進学希望の学部・学科等の選択を自分のものにするためにも，その先の将来設計をしっかりと考えるためにも，キャリア教育が必要になるはずなのである。

📖 キャリア教育への誤解⑦
——キャリア教育は教科教育と無関係？

　小・中・高校の区別なく，かなり多くの教師が，ごく自然に思い込んでいるかもしれないことがある。——**「キャリア教育は，教科とは関係がない」**と。つまり，キャリア教育は，もっぱら特別活動や「総合的な学習（探究）の時間」で取り組むべきものと信じて疑っていないのである。

　こう考える教師たちは，必ずしもキャリア教育を軽視しているとは限らない。むしろ，キャリア教育の必要性や意義を認めつつも，教科教育で取り組むものではない，そんなことはできない，と素朴に思っている可能性も強い。しかし，こうした認識は，大いなる誤解である。

　先にも紹介した図2-1に明らかなように，キャリア教育は，その出発時から，特別活動や「総合的な学習（探究）の時間」だけではなく，教科を含めて，**学校教育全体を通じて取り組まれる**ものとされている。また，このあと第5章，第7章で詳しく述べることになるが，現行（小学校は2020年度，中学校は2021年度から全面実施，高校は2022年度から年次進行で実施）の学習指導要領は，**各教科においてもキャリア教育の充実を図るべきこと**を明示している。

　それなのに，キャリア教育と教科が無関係であるかのような誤解は，なぜ，全国の学校現場に蔓延してしまったのか。繰り返しになるが，**キャリア**

教育の理解の仕方が狭かったからと考えざるをえない。

　キャリア教育を直接的に，**職業理解を深めたり，将来の職業選択や将来設計の準備をする取り組み**である，あるいは，そのために**職場体験などの啓発的な体験学習を行う**ことであると狭く理解すれば，それは，特別活動や「総合的な学習（探究）の時間」で行うしかなくなる。

　しかし，本来のキャリア教育の範囲は，もっと広い。職業理解の前提となる幅広い**社会理解**や，将来設計の前提となる**自己理解**を深めることもキャリア教育であり，もっと根本的には，**子どもたちが社会に出ていくために必要となる基礎的な能力**を身につけることも，キャリア教育の重要な役割である。そう考えれば，そうした**社会理解や基礎的な能力の獲得は，教科教育と親和的**である。逆に，それだけの広い課題を，特別活動や「総合的な学習（探究）の時間」だけで担うことはとうていできない。キャリア教育においては，学校教育全体を通じた取り組みが求められるゆえんである。

　実際には教師たちは，**教科の教育を通じて，子どもたちが社会に出ていくために求められる基礎的な能力を育てる**ことに取り組んでいる。要は，そのことを「キャリア教育」であると意識していないだけなのである。そうであれば，この点を自覚するだけでも，特別活動や「総合的な学習（探究）の時間」における「**直接的な（狭義の）**」キャリア教育と，教科における「**間接的な（広義の）**」キャリア教育とのつながりや連携を意識して，学校教育全体を通じたキャリア教育の充実に尽くすことができるだろう。

📖 誤解が照らし出すもの

　キャリア教育へのさまざまな誤解について見てきた。もちろん，それぞれの誤解には，相応の理由や背景が存在している。ただし，全体を通して気づくのは，（これは，なぜ誤解が生じるのかということとも関連するが）**日本の学校と教師は，かなりのところまで追い込まれている**という点である。

　追い込まれているがゆえに，「新たな課題に見えたもの」に対しては，「それどころではない」と思ってしまったり，ついつい抵抗感を覚えたりする。例えば，子どもや保護者との対応が難しくなっている小学校，職場体験の実

施だけで手一杯の中学校，職業教育のみならず，就職指導に多大な苦労を重ねている専門高校（専門学科），大学受験への対応で精一杯になってしまっている進学校。──それぞれに理由は異なるが，**余裕がないがゆえに，すでにあるものにしがみつき，新しいものは遠ざけてしまう**という点は共通している。

　もちろん，それぞれがキャリア教育を遠ざける理由や根拠は，そもそも誤解に基づいている。しかし，では，そうした**誤解さえ解ければ，それぞれの学校は，一挙にキャリア教育に邁進するようになるのか**。──おそらく，そんなことはないだろう。

　その意味では，**キャリア教育だけを良くしていくことはできない**。現在の学校をめぐる教育条件の整備を図り，学校と教師の負担を軽減し，学校教育そのものを良くしていかなくてはいけない。この視点を持っておくことは，「教師たちの意識改革ができないから，キャリア教育が進まないのだ」といった，それこそあらぬ「誤解」（しかも，かなり上から目線の）をしてしまわないためにも大事なことであろう。

📖 第2章のポイント

1　キャリア教育には，これまでさまざまな誤解がまとわり付いてきた。

2　正しい理解を促すことが必要であるが，同時に，キャリア教育についての誤解の背景には，現在の学校と教師をめぐる厳しい環境があることにも目配りしておく必要がある。

3　キャリア教育を推進していく鍵は，学校と教師がもっと余裕を持てるようになることであろう。

　第2章では，これまでキャリア教育がどう捉えられて（＝誤解されて）きたのかを，主として学校現場や教師たちの受けとめ方に焦点を当てながら見てきた。そこでは取り上げなかったが，キャリア教育を「**フリーター・ニート対策**」，あるいはその対極になるが，「**やりたいこと探し**」として理解することも，キャリア教育についての（言い方は変だが）かなりメジャーな「誤解」かもしれない。

📖「フリーター・ニート対策」としてのキャリア教育

　すでに何度も述べたように，キャリア教育は，1990年代半ば以降に顕著になった**若年就労問題の深刻化**（就職難，フリーターや新卒無業者の急増，早期離職率の上昇など）を背景として，政策的に導入された。それゆえ，こうした就労問題への教育としての対応策として登場したキャリア教育が，端的には「**フリーター・ニート対策**」であると認知されたのには一定の根拠があった。

　実際，2003年に策定された政府の「**若者自立・挑戦プラン**」を充実・補

強した「**若者自立・挑戦のためのアクションプラン**」（改訂版，2006 年）には，以下のような記述が見られた。

> 　若者がニートやフリーターになることを未然に防ぐためには，義務教育段階から児童生徒が適切な勤労観や職業観を持つよう育成していく必要がある。そのため，以下のような体系的なキャリア教育・職業教育の充実を図る。

　閣議決定までされた政府の認識として，キャリア教育は，将来におけるフリーター・ニートの出現を予防するための教育であることが明記されていた。だからこそ，例えば，**中学生の職場体験**の実施に当たって，東京都が都内の事業所向けに発出した依頼文書[*1]は，「フリーター，ニートの増加」を背景に，「将来の社会人」である中学生に「正しい人生観・勤労観・職業観を醸成する」ための，職場体験の受け入れを協力要請していたのある。

　職場体験を実施すれば，本当にフリーター・ニートの予防になるのだろうか。しかも，そのためには，「正しい」という修飾語を冠にした「人生観・勤労観・職業観」を醸成するのだという。何とも強面な印象を受けるが，当時の政府や行政の認識において，「**キャリア教育＝勤労観・職業観の育成＝フリーター・ニート対策**」という等式が成立していたことは確かであろう。

📖 理解の狭さと実践上の危うさ

　こうしたキャリア教育の理解の仕方は，何度も指摘してきたが，やはり狭すぎる。キャリア教育は，**働くこと（ワークキャリア）**への準備だけではなく，**社会に出ていくこと（ライフキャリア）**への準備教育である。しかし，キャリア教育を「勤労観・職業観の育成」と同義と見なし，その目的を「フリーター・ニート対策」に求めるような認識は，政治や行政の世界にとどまることなく，学校現場や一般の人々にも普及していった。

[*1]　東京都知事本局青少年育成総合対策推進本部・東京都教育委員会　「中学生の職場体験へのご協力のお願い」　2005 年

図 T2-1　正社員と非正社員の生涯賃金の格差

　その証拠に，2000 年代半ば頃には，「**フリーター・ニートになる前に**」や「**わが子をフリーター・ニートにしないために**」といったタイトルを冠した本が刊行されたり，雑誌の特集が頻繁に組まれたりしていた。これらは，子どもたちがフリーター・ニートになることを防ぐために，家庭や学校でいかなる取り組み（＝キャリア教育⁉）ができるのかについての「指南」にほかならない。

　実際，こうした本や雑誌の特集で何度も取り上げられ，その後は学校現場における取り組みの定番として定着していった「資料」がある。

　図 T2-1 は，ある県の教育委員会の高校教育課が発行した「キャリア教育だより」に載せられたものである（もとの図を簡略化している）。**正社員と非正社員の生涯賃金の格差**が強調されているが，もちろんこの手の「試算」はほかにもあり，大卒を基準としたものも存在した。

　重要なのは，学校現場において，こうした資料が，キャリア教育の教材として堂々と使用された形跡があるということである。資料を作成した側，あるいはそれを使用する学校や教師側がねらいとしたのは，「安易な**フリーター志向は困ります**」「**正社員になれるように**，在学中からがんばりましょう」といったメッセージの発信なのであろう。

　関係者の「善意」を疑うつもりはない。しかし，本来のキャリア教育の観点からすれば，いかがなものだろう。

　第 1 に，「**生涯賃金**」という発想自体が，**終身雇用や年功型賃金**を軸とし

た，今や半ばは崩れつつある「**日本的雇用**」を前提としたものである。それに基づく試算を，これから社会に出ていく中学生や高校生向けの教材に使うことは，はたして妥当なのか。

　第2に，非正規雇用の職に就く若者は，自らがそう希望する者もいないわけではないが，多くは，**労働市場における需給関係から構造的に産み落とされる**。つまり，正社員には，本人が努力さえすれば，誰もが必ずなれるというわけではない。にもかかわらず，子ども・若者に対して，とにかく「**正社員になりなさい**」**と言うのは，実際には脅しにしかならない**のではないか。それだけではなく，「**正社員になれなかったのは，あなたの努力が足りなかったからだ**」と言わんばかりの「**自己責任**」の論理を押しつけることにもなってしまう。

📖「やりたいこと探し」としてのキャリア教育

　見てきたように，「フリーター・ニート対策」としてのキャリア教育は，キャリア教育の成立期の政策に根拠を持つものであるが，内容的にはかなり**強面な**ものであった。そして，教育実践に落とし込まれる際には，**いびつで危うい**ものになりかねないことも散見された。

　学校現場の感覚からすれば，こうした強引な手法は，必ずしも多くの教師が好むものではない。高卒での就職希望者を多く抱える高校であれば，「それも仕方がない」と受けとめられたかもしれないが，それ以外の高校や小・中学校の教師の場合には，そうではない。

　それゆえ，キャリア教育がスタートして以降，学校現場の教師たちには，**フリーター・ニート予防のために，勤労観・職業観ばかりを強調するキャリア教育とは異なるタイプの実践**の方法を，どこかで待ち望んでいた節がある。私が睨むところでは，これが，その後のキャリア教育の実践において，**子どもに「夢」や「やりたいこと」を見つけさせる取り組みが大流行**していった根拠である。

　子どもたちに**将来の目標**を見つけさせれば，現在の**学習や生活への意欲**を喚起でき，**目標に向けた努力**の継続を期待できる。——これは，勤労観・職

業観の大切さをお説教のように語り，正社員と非正社員の生涯賃金の格差を強調して脅すようなキャリア教育と比較すれば，はるかに**教育的な論理**に則っている。教師たちが，**抵抗感なく取り組める**内容なのである。

　かくして，小学校から高校に至るまで，子どもたちに「**やりたいこと**」「**将来の夢**」「**就きたい職業**」を探させ，作文を書かせたり，憧れの仕事について調べさせたりする，「**やりたいこと探し**」としてのキャリア教育が，全国の学校現場に普及していったのである。

📖 夢追い型キャリア教育の落とし穴

　「フリーター・ニート対策」と比較すれば，教育的な論理に近いと思われるのが，「やりたいこと探し」としてのキャリア教育である。しかし，そこにも，実践的には少なくない難点や落とし穴が存在していた[*2]。

　第1に，夢（やりたいこと）を探しなさいと促す取り組みにおいては，**夢は誰もが実現できるとは限らない**という，当たり前の現実的な観点，そして**夢がかなわないとわかったとき**に，「では，次にどうすればよいか」に焦点を当てるようなアプローチが欠如していた。小・中学生のうちはまだいいかもしれない。しかし，高校生以上になると，どうだろうか。本来は，「**夢**」と「**現実**」との折り合いをどう付けるかに迫ることこそが，キャリア教育の役割なのではないか。

　第2に，あまりに早い段階から，将来の夢（やりたいこと）を限定してしまうと，かえって**視野や選択肢を狭めてしまう**ことも危惧される。将来の夢が明確な子どもや若者は，確かに目標がはっきりしているので，そこに向けて意欲的に努力するかもしれない。しかし，**自らの夢の世界以外に興味を持たなくなる**と，進路選択の視野は，実は極端に狭まってしまうことにもなる。

　第3に，夢（やりたいこと）を見つけなさいという**夢追い型キャリア教育のアプローチ**は，実は「やりたいこと」がわからないという子どもにとって

＊2　拙著　『キャリア教育のウソ』（ちくまプリマー新書）　筑摩書房，2013年，を参照。

は，かなりキツい。場合によっては，そうした子どもたちを追い詰めてしまうこともある。——「夢を持てない自分は，ダメな人間なのだろうか」と。

　近年では，「**ドリハラ（ドリーム・ハラスメント）**[*3]」という言葉も生まれたが，**夢を持つことを強要してしまうことは**，夢が見つからない子どもにとっては，れっきとしたハラスメントなのである。

　「フリーター・ニート対策」か，あるいは「やりたいこと探し」か。どちらも，**キャリア教育の本来の姿からすれば，振り子の両極**である。現実の労働市場の厳しさを説き，「正しい」勤労観・職業観によって，そこに適応していくことだけを求めるようなアプローチも，逆に，子どもや若者に夢を追わせて，それだけで事足れりとしてしまうようなアプローチも，どちらにも難点がある。まっとうなキャリア教育に取り組んでいくためには，この両者のあいだ（中庸のポジション）をどう確保し，維持できるのかが，実践上の試金石になるのではなかろうか。

---

*3　高部大問　『ドリーム・ハラスメント——「夢」で若者を追い詰める大人たち』（イースト新書）　イースト・プレス，2020年／拙著　『夢があふれる社会に希望はあるか』（ベスト新書）　ベストセラーズ，2016年，を参照。

第3章

キャリア教育が求められる背景

　結局のところ，なぜ，キャリア教育が求められるのか。学校は，何ゆえに
キャリア教育に取り組むのか。この章では，**キャリア教育が求められるよう
になった理由や社会的背景**を整理しておく。

　第1章とトピック1では，子どもたち，政府・文部科学省（文科省），学
校・教師，そして地域といったステークホルダーにとって，キャリア教育が
どんなメリットを与えるかという視点から，キャリア教育が存在する理由
（根拠）を考えてみた。ここでは，メリット・デメリットのような現実的視
点ではなく，**教育の原理・原則的な視点**を意識して，しかも，**「学校が，な
ぜキャリア教育に取り組むのか」**という論点にしぼって，キャリア教育の存
在意義を確認しておきたい。端的に，3つある。

📖 学校の本来の役割としてのキャリア教育

　第1は，**キャリア教育に取り組むことは，学校教育のもともとの役割**にほ
かならないという，ある意味では拍子抜けしてしまうかもしれない理由であ
る。「なんだ」と思われるだろうか。しかし，「王道」の根拠である。

　キャリア教育を子どもたちが「社会に出ていく準備」をする教育と理解すれば，第 2 章でも述べたように，それは，学校にとって新規の課題などではない。学校が，伝統的に担ってきた役割である。「キャリア教育」という用語を使うかどうかは別としても，社会に出ていく準備をする教育は，今も昔も**学校が果たすべき基本的な機能**の 1 つであると言ってよい。

　ただ，そうだとすれば，伝統的な機能・役割であるにもかかわらず，今に至ってことさらにキャリア教育の必要性が提起されるようになったのは，なぜなのか。

　この点は，実は，かなり重要な論点である。確かに，日本の学校はこれまでも，「社会に出ていく準備」をする教育を担ってきた。ただし，その担い方は，きわめて**独特のやり方を通じて**であった。しかし，現在では，**そうした従来の担い方では，「社会に出ていく準備」をする教育という学校の基本的機能を担いきれなくなった現実**に直面したのである。

　だから，学校教育としては，果たすべき役割やその目的は変わらないが，その**担い方をリニューアルする**必要性が生じた。こう考えてみたら，どうだろうか。——学校がキャリア教育に取り組む必要性が繰り返し提起されるようになったのは，まさにこのリニューアルの必要性を強調するためである。さらに言えば，**学校や教師が，この必要性に自覚的になり，意識化できるようになる**ために，あえて「キャリア教育」という新たな概念が使用されるようになったのである。

📖「社会に出ていく準備」の実質化としてのキャリア教育

　第 2 に，それでは，「社会に出ていく準備」を担う従来の学校教育のやり方は，どこが，どういう点で通用しなくなったのだろうか。

　「戦後日本型循環モデル[*1]」という考え方がある。戦後の高度経済成長期から 1980 年代までの日本社会は，図 3-1 にあるように，**家族・教育・仕事という 3 つの社会領域**が，互いに強固に結びつきつつ，それぞれが資源を一方

[*1]　本田由紀 『もじれる社会——戦後日本型循環モデルを超えて』（ちくま新書）　筑摩書房，2014 年，を参照。

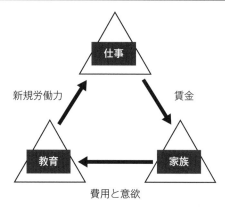

図 3-1　戦後日本型循環モデル

に送り込む循環モデルによって発展してきたというのである。

　家族は教育（学校制度）に対して，私費負担による**教育費用**を注ぎ，**学習意欲**を持った子どもを送り込むことで学校制度を安定させ，教育は仕事（企業社会）に対して，**新規（新卒）の労働力**を送り出すことで，**終身雇用や年功型賃金を軸とする日本的雇用**の維持に貢献した。そして，仕事（企業社会）は家族に対して，**賃金**を提供することで，家庭生活を安定させてきた。こうした緊密な関係構造の成立を前提として，戦後の日本社会は，機能的なシステムとして自らを維持し，発展させてきた。

　注意しておきたいのは，こうした循環モデルが機能するなかで，教育（学校制度）には，子どもたちが「社会に出ていく準備」をする教育として，何が求められたのかという点である。当然のことながら，子どもの**社会的自立を促すための，学校教育らしい幅広い活動や支援**が求められたのは言うまでもないが，最終的には学校の役割は，**「卒業後の進路」**を確保することに照準が当てられていた。それは，子どもが教育制度の内部にいるあいだは，**進学先**の高校・専門学校・大学等の決定であり，その後は**就職先**の確保であった。

　なぜそうなったかと言えば，先の「戦後日本型循環モデル」が盤石に機能するなかでは，「教育」領域の役割は，若者を「仕事」領域へと**受け渡す**ことであり，そうすれば，若者たちは，**企業内教育を通じて職業人として一人**

前に育てられ，**職場の人間関係等を通じて大人としても自立していくことが**期待できたからである[*2]。

　しかし，今やこうした議論の大前提である**戦後日本型循環モデルが十分に機能しなくなっている**。**格差・貧困化**の進展のなかでは，必要な役割を担ったうえで，子どもを「教育」領域に手渡せない「家族」が出てきており，**新卒採用の縮小**によって，「教育」もすべての若者を正規雇用者として「仕事」領域に受け渡せなくなった。そして，**非正規雇用を拡大させた「仕事」**領域も，すべての「家族」に十分な賃金を環流させて，家族機能を支えることができなくなったのである。

　そうであれば，学校教育は，これまでのように「**卒業後の進路」確保に焦点を据えたような「社会に出ていく準備」をする教育**をしているだけは済まなくなった。もっと直接的かつ全般的に，子どもが「社会に出ていく準備」の実質を担うことが求められるようになったのである。これが，キャリア教育の登場が求められた今日的な社会的背景である。

📖「大人になること」の困難に抗するキャリア教育

　第3に，今述べた「戦後日本型循環モデル」の機能不全は，子どもや若者が，学校を出て**職業世界に渡っていく**プロセスだけではなく，**大人になっていく**プロセスをも困難にしている。キャリア教育は，子どもや若者のこうした「**職業への移行」「大人への移行」の困難化**に抗していくためにこそ求められるのである。

　話をわかりやすくするために，いまだに学校や教師は，「**卒業後の進路」さえ確保しておけば大丈夫だと考える旧来型の教育モデル**から抜け出せていないと仮定しよう。──そうした学校教育は，新卒就職こそがすべてなので，それがうまくいかず，正社員になれずに卒業した生徒・学生に対しては十分な対応ができていない。つまり，「**非正規から出発するキャリアをどう**

[*2]　こうした職業人（大人）への移行の仕方は，「戦後日本型青年期」と呼ばれてきた。乾彰夫『〈学校から仕事へ〉の変容と若者たち──個人化・アイデンティティ・コミュニティ』青木書店，2010年，を参照。

上手に漕ぎ渡っていけば，その後（例えば，正社員への転換）につながるのか」を教えることができていないのである。

　また，卒業時には正社員として就職できた生徒・学生も，実際には３年以内には半分近くが**離職**してしまう。しかし，そんな彼ら彼女らに対しても，学校は，「**離職した後**，どうすればよいか」を伝えることはできていない。

　さらに，「**学校→新卒就職→日本的雇用**」という標準ルートから外れた若者たちは，経済的な意味でも，人間関係のうえでも，社会のなかで「出番」が与えられるという点でも不利な状況に陥り，「**大人になる**」ことの困難に直面しがちである。しかし，旧来型の教育モデルの学校は，こうした若者が抱える切実な課題に応える教育をしてきてはいない。

　要するに，学校が，今求められる「社会に出ていく準備」をする教育をできていないとは，こういうことなのである。**旧来型の「社会に出ていく準備」をする教育のかたちは，今日的な形態での「キャリア教育」へとバージョンアップする必要がある。それは，端的に言ってしまえば，学校がもはやこれ以上，子どもと若者を「無防備」な状態のままに社会に送り出さない**ための取り組みである。そして，そう考えれば，キャリア教育とは，カリキュラムに余裕のある学校だけが取り組めばよいものなどではなく，**すべての子どもたちに権利として保障される**べきものなのである[*3]。

📖 社会変化のなかのキャリア教育

　一般論としては，キャリア教育の登場を促した社会的背景としては，**2000年前後からの日本社会の構造的変化**に言及されることも多いかもしれない。例えば，国際化やグローバリゼーション，少子・高齢化，情報化の進展や「知識基盤社会」化，女性の社会進出，ライフスタイルや価値観の多様化，ICTやAI等の技術革新といった社会変化の影響である。もう少し子どもや若者の側に引き寄せれば，「学歴社会」的な価値観の揺らぎ，就職活動や大学入試の制度的な変化の影響といったこともあるだろう。

---

*3　拙著『権利としてのキャリア教育』明石書店，2007年，を参照。

こうした社会変化は，確かにキャリア教育のあり方に影響を与える要因である。それぞれがどういう影響を与えるのかについては，ここで言及している余裕はないが，現在および今後のキャリア教育のあり方を考える際には，決して無視しえないものであろう。

とはいえ，雑駁な言い方になってしまうが，「**キャリア教育の成立を促した要因**」と「**キャリア教育のあり方に影響を与える要因**」は，やはり区別して理解しておく必要がある。この区別に従えば，上に挙げたような2000年前後からの日本社会の構造的変化は，いったん成立したキャリア教育に対して，そのあり方に影響を与える要因ということになるだろうが，キャリア教育そのものの成立を促した要因であるとは言えない。

📖 「教育万能主義」ではなく，子ども・若者を状況を変えていく主体に

以上のように整理したうえで，学校には，なぜ今キャリア教育が求められるのか。繰り返せば，子どもと若者の「**社会に出ていく準備**」**をする教育は，学校の本来の役割**であった。しかし，社会変化のなかで，それは，「**卒業後の進路**」の確保というこれまでのやり方では通用しなくなったために，**キャリア教育への更新**が求められたのである。キャリア教育は，時間軸としては子どもと若者の生涯（ライフサイクル）を視野におさめ，支援の内容としては，「**働くこと（職業）**」への移行だけではなく，「**大人になること**」をめざすものであった。

2点だけ補足しておきたい。

1つは，見てきたような意味で，現在の社会状況においては，キャリア教育に期待されることは少なくない。しかし，だからといって私たちは，決して「**教育万能主義**」の発想に陥ってはならない。

子どもと若者を取り巻く今日の**厳しい社会的現実**は，彼ら彼女らに社会的自立や職業的自立に必要な力量を獲得させ，意識や能力を向上させさえすれば，すべての困難や問題が解決するようなものではない。**正規雇用・非正規雇用の格差や選別を容認する労働市場**にしても，**競争と自己責任を強いるような社会環境**にしても，社会構造そのものに端を発する問題や矛盾は，そう

した構造そのものを変えていかない限り，教育でどうこうできるものではない。

　その意味で，キャリア教育には明確な「**限界**」がある。とはいえ，限界があるからといって，「キャリア教育など無力なのだから，そんなものに取り組んでも意味がない」ということにはならない。**子どもや若者がまっとうに成長・発達し，学び，働き，生活していく**ことができるような社会を創造していくための，あらゆる分野が連携・協働する取り組みに，キャリア教育の立場から参加し，貢献していくことは十分に可能である。

　マルクスの盟友であったエンゲルスは，哲学者ヘーゲルの思索を参考にしつつ，「自由とは必然性の洞察である」と述べた[*4]。そのひそみに倣って言えば，キャリア教育には，子どもと若者を取り巻く社会的現実（＝「必然性」）を直接的に変える力はないが，そうした現実をまっとうに認識しつつ，子どもや若者，さらには社会全体に働きかけていくことで，現実を変えていく全社会的なプロジェクトに参加する可能性（＝「自由」）は残されている。

　2つめは，今述べた点とも重なるが，キャリア教育は，子どもと若者に対して「**保護主義**」的な立場に立ってもいけない。

　子どもたちが漕ぎ出ていく社会には厳しい現実がある。確かにキャリア教育は，そうした社会に出ていく子どもたちに，**せめてもの「防備」と困難や理不尽とたたかうための最小限の「武器」**を授けようとするものである。しかし，キャリア教育にできるのは，そこまでである。そこから先は，子ども・若者自身が，**自らが置かれた日本社会の現実を対象化**し，自らが獲得した**知識やスキル，人間関係を生かして，現実としたたかに対峙**していかなくてはならない。

　当たり前すぎることであるが，学校や教師が，子どもたちに取って代わって，彼ら彼女らの人生を生きることなどできるわけがない。学校や教師が何を教えようと，何を伝えようと，どんな示唆を与えようと，**最後は子ども自身が判断し，決定し，行動する**しかない。教科学習などとは違って，「**正解」はどこにも存在しない。**それが，キャリア教育なのである。——キャリ

---

*4　エンゲルス（粟田賢三 訳）『反デューリング論——オイゲン・デューリング氏の科学の変革（上・下）』（岩波文庫）岩波書店，1974 年

ア教育は，子ども・若者を徹頭徹尾「主体」に据え，彼ら彼女らを**困難に立ち向かう主体**へと育てていかなければ成り立たない営みなのである。

📖第 3 章のポイント

1　なぜ今，キャリア教育が求められるのか。第 1 に，それは，学校教育の本来の役割だからである。

2　第 2 に，「卒業後の進路」を確保するという従来のやり方では，学校は，子どもが「社会に出ていく準備」をする教育を行うという本来の役割を果たせなくなったからである。

3　第 3 に，子どもと若者の「職業への移行」「大人への移行」の困難化に抗して，彼ら彼女らを困難に立ち向かう主体へと育てるためである。

第Ⅱ部
キャリア教育のこれまでと現在

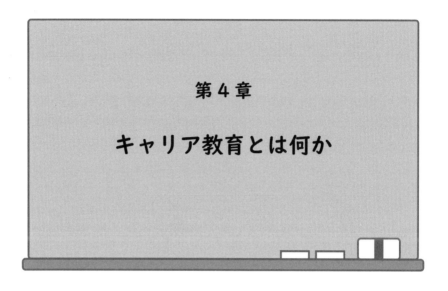

第4章

キャリア教育とは何か

　第Ⅰ部では,「キャリア教育とは何か」という厳密な定義の問題には入り込まずに,あくまで暫定的な説明であることを前提として,キャリア教育を**子どもたちが「社会に出ていく準備」をする教育**であるとしてきた。その説明に問題があるということではないが,ややざっくりとしすぎの印象はある。もちろん,そもそもキャリア教育は,幅広い範囲に及ぶ教育活動を含んだ**包括的な概念**なので,そうならざるをえない理由もあるのだが。

　いずれにしても,この章では,キャリア教育が登場してから現在に至るまで,**教育政策がキャリア教育をどう定義してきたのか**に注目して,キャリア教育の「定義」問題にいちおうの決着をつけておくことにしたい。

　実は,**教育政策による「キャリア教育」の定義**は,代表的なものだけでもこれまでに**3つ存在**している。これらの**3つの定義**は,同時に並行して使用されたわけではなく,**時期ごとに別々に活用**されてきた。逆に言えば,教育政策によるキャリア教育の定義が,そうしたかたちで修正・発展してきた背景には,それぞれの時点における**政策上のねらいやその重点の移動**といった,まさにキャリア教育政策をめぐる固有の「事情」を見て取ることもできる。

　以下,順に追っていくことにしたい。

📖「キャリア教育」が初めて提起された答申

　日本の教育政策の歴史において，初めて「キャリア教育」という概念が登場したのは，1999 年に提出された**中央教育審議会（中教審）の答申**[*1]においてである。

　この答申は，**初等中等教育と高等教育の「接続」の改善**についての諮問を受けて出されたものである。それゆえ，答申の主要な内容は，高校までの教育と大学教育をつなぐ接点となる**大学入試の改善**や，入学者選抜だけには限定されないさまざまな**高大連携の取り組み**に関するものであった。

　実際，その後の大学入試において大きな比重を占めることになった「**AO入試**」（現在では「総合型選抜」）のアイデアは，まさにこの答申で提起された。また，大学教員による**出張講義**，高校生による大学の講義の**科目履修**，**オープンキャンパス**など，さまざまに工夫された高大連携の取り組みは，やはりこの答申以降に，全国の高校・大学の現場に普及したものである。

　では，通常「接続答申」と称されるこの中教審の答申において，なぜ，キャリア教育が登場することになったのか。それは，第1章で述べたように，この答申が出された当時，**若年就労問題**が深刻な社会問題になっていたからである。そのことは，答申の第6章「学校教育と職業生活との接続」において，次のように表現されていた。

> 　新規学卒者のフリーター志向が広がり，高等学校卒業者では，進学も就職もしていないことが明らかな者の占める割合が約9％に達し，また，新規学卒者の就職後3年以内の離職も，労働省の調査によれば，新規高卒者で約47％，新規大卒者で約32％に達している。こうした現象は，経済的な状況や労働市場の変化なども深く関係するため，どう評価するかは難しい問題であるが，学校教育と職業生活との接続に課題があることも確かである。

---

*1　中央教育審議会　「初等中等教育と高等教育との接続の改善について（答申）」　1999 年

　経済状況や労働市場の問題もあるので,「どう評価するかは難しい」という一定の留保は付けられていたが, フリーター等の非正規雇用, 新卒無業, 早期離職の増加といった当時の若年就労問題の原因には,「**学校教育と職業生活との接続に課題がある**」とされたのである。そうした認識を前提として, 指摘されたような若年就労問題に対応するために導入されたのが, まさにキャリア教育なのである。

📖 にわか仕立てのキャリア教育の定義 1.0

　こうしたことを背景として, 本来は, 小・中・高校の教育と大学教育との接続の改善(入試改革や高大連携)を主たる検討課題としていた「接続答申」には, **学校教育と職業生活との接続の改善も急務**であるという認識から, キャリア教育の必要性と意義が書き込まれることになった。

　これが, 日本におけるキャリア教育誕生の瞬間なのであるが, そこでのキャリア教育は, 以下のように定義されていた。

> 　キャリア教育(望ましい職業観・勤労観及び職業に関する知識や技能を身に付けさせるとともに, 自己の個性を理解し, 主体的に進路を選択する能力・態度を育てる教育)を小学校段階から発達段階に応じて実施する必要がある。

　丸括弧で囲まれた部分が, 教育政策によるキャリア教育の最初の定義(言ってしまえば,「定義1.0」)ということになる。これを, どう見ればよいだろうか。

　率直に言ってしまうと,「**にわか仕立て**」という印象は拭えない。定義の前半の部分「望ましい職業観・勤労観及び職業に関する知識や技能を身に付けさせる」は, 端的に言えば, 職業教育についての説明であり, 後半の部分「自己の個性を理解し, 主体的に進路を選択する能力・態度を育てる」は, 進路指導についての説明である。要するに, ここで示されたのは,「**職業教育＋進路指導＝キャリア教育**」という図式なのである。

　確かに，職業教育も進路指導も，**キャリア教育にとって重要な，中核となる構成要素**である。しかし，両者を足し合わせれば，それがキャリア教育になるわけではない。足しただけで済むのであれば，「職業教育と進路指導」と言えばいいのであって，わざわざ「キャリ教育」という新しい概念を持ち出す必要はないだろう。

　また，この定義1.0の冒頭，「職業観・勤労観」の前にさりげなく置かれた「**望ましい**」という言葉は，実は，かなり問題含みである。何度も触れたように，当時は若年就労問題が深刻化しており，若者たちの**安易なフリーター志向に一定の歯止めをかけたい**といった政府や文部科学省（文科省）など政策サイドの意図があっただろうことは想像に難くない。

　しかし，では，若者たちのフリーター志向は，本当に「安易」なものだったのか。そもそも，「**望ましい**」とされる「**職業観・勤労観**」は，**誰が決めるのか**。政府や文科省に，その判断を任せてよいのか。——浮かんでくるのは，実は疑問だらけである。

　現代社会では，これだけライフスタイルや価値観が多様化しているということを踏まえれば，「職業観・勤労観」に「望ましい」を付けたキャリア教育の定義1.0は，明らかに「**勇み足**」であったのではなかろうか。実際，その後のキャリア教育の定義においては，勤労観・職業観が登場することはあっても，そこに付された「望ましい」の語は消えていくのである。

📖 キャリア教育の定義1.0の政策的文脈

　見てきたように，日本における最初のキャリア教育の定義1.0は，にわか仕立てで十分に成熟したものとは言えない点があった。また，問題点も含まれていた。

　しかし，そうであるがゆえに，この定義1.0は，日本のキャリア教育が，**教育政策上の2つの文脈が交わる「接点」において登場した**ものであることを見事に体現していたとも言える。定義1.0の「職業教育＋進路指導＝キャリア教育」という図式にも現れているが，2つの政策的文脈とは，（時間的順序に従うと）1つは，1990年代以降における**進路指導改革という政策的文**

脈であり，もう１つは，すでに何度も言及している 2000 年代以降に本格化する**若年就労問題への対応という政策的文脈**である。

　前者は，1990 年代前半，中学校の進路指導においては**「業者テスト・偏差値」排除**の動きが起きたが，それ以降，文部省（文部科学省）が，学校選択や合格可能性の判断を軸とするような**「出口指導**[*2]**」**ではなく，それを**「生き方の指導」**へと転換することをめざす進路指導改革を進めていたことを指す。1999 年の中教審答申が，初等中等教育と高等教育の「接続」をテーマとしていたことからもわかるように，日本におけるキャリア教育の登場は，少し前の時期からの進路指導改革の延長線上にもたらされたのである。

　後者は，何度も述べた**若年就労問題への対策としてキャリア教育が求められた**という政策的文脈である。中教審による 1999 年の「接続答申」は，こうした意味で，当時の教育政策の二重の文脈を体現するものであり，それは実は，**登場したキャリア教育が背負うことになった二重性**を予告するものであった。

📖 専門的知見によるキャリア教育の定義 2.0 へ

　1999 年の「接続答申」の後，文科省は，ただちにキャリア教育を推進するための具体的な施策を打ち出したわけではなく，**国立教育政策研究所**で調査研究を進めるなどの準備作業に入っていた。そして，実際にキャリア教育推進の施策を開始したのは，第１章で指摘したように，政府レベルで策定された 2003 年の**「若者自立・挑戦プラン」**を受けてのことである。

　同プランに基づき，文科省は，全国の学校が**キャリア教育に取り組むためのガイドライン**の作成を**専門家による調査研究協力者会議**に委嘱する。その「報告書[*3]」では，①キャリア教育が求められる背景，②キャリア教育の意義と内容，③キャリアの推進方策（教育課程への位置づけ，体験活動の活用，

[*2] 卒業後の進路の出口（進学先，就職先）の確保を第一義的な目標とし，出口さえ確保できれば，進路指導の役割は果たせたとする考え方。戦後日本の学校における進路指導では，タテマエはともかく，実際上はこの考え方が根強かった。

[*3] キャリア教育の推進に関する総合的調査研究協力者会議 「報告書——児童生徒一人一人の勤労観，職業観を育てるために」 2004 年

等），④推進のための条件整備（教員の資質向上，保護者や外部機関との連携，等）が解説され，キャリア教育の定義は，以下のように再提起されることになった（これが「定義 2.0」である）。

> 児童生徒一人一人のキャリア発達を支援し，それぞれにふさわしいキャリアを形成していくために必要な意欲・態度や能力を育てる教育

一見して，1999 年の「接続答申」における定義 1.0 から，大きく様変わりしている。職業教育と進路指導を足し合わせたような（にわか仕立ての）発想ではなく，**キャリア教育をその独自性において定義**しようと腐心していることがうかがわれる。

ただし，そのために，キャリア教育の定義なのに，そこに「**キャリア**」や「**キャリア発達**」の語を入れ込まざるをえないことにもなった。そのため，報告書では「キャリア」を次のように定義した。

> 個々人が生涯にわたって遂行する様々な立場や役割の連鎖及びその過程における自己と働くこととの関係付けや価値付けの累積

正直に言ってしまうと，難しすぎる。単純化を覚悟で説明すれば，「私たちは生涯において，**ライフステージ**ごとにさまざまな**役割**を担って生きていく。そうやって**役割をこなしていく行動の履歴**が，私たちのキャリアである」。そのうえで，「キャリア発達」とは，そうした行動の履歴としてのキャリアが，「子どもたちの発達段階やその発達課題の達成と深くかかわりながら段階を追って発達していくこと」である，と報告書は述べているのである。

D. E. スーパーのキャリア・レインボー

まだわかりにくいのではないかと思うので，著名なキャリア心理学の研究者である D. E. スーパーによる「キャリア・レインボー」の理論を紹介し

状況的決定因（間接的一直接的）
• 社会構造
• 歴史的変化
• 社会経済的組織・状況
• 雇用訓練
• 学　校
• 地域社会
• 家　庭

維持

確立

衰退

成長

その他の様々な役割

家庭人

労働者

市民

余暇人

学生

子ども

個人的決定因
気づき
態　度
興　味
欲求・価値
アチーブメント
一時的・特殊的適性
生物学的遺伝

—ある男のライフ・キャリア—

「22歳で大学を卒業し，すぐに就職。26歳で結婚して，27歳で1児の父親となる。47歳の時に1年間社外研修。57歳で両親を失い，67歳で退職。78歳の時妻を失い81歳で生涯を終えた。」D.E.スーパーはこのようなライフ・キャリアを概念図化した。

図4-1　ライフ・キャリアの虹

よう*4。

　図4-1は，半円に沿って，左から右に年齢が上がっていくが，私たちは人生の諸段階において，**子どもとしての役割**，**学ぶ者**（学生）**としての役割**，**自らの人生を楽しむ者**（余暇人）**としての役割**，**市民としての役割**，**働く者**（労働者）**としての役割**，**家庭**（家庭人）**のなかでの役割**，**その他の役割**を担うようになり，それをこなしていく。これらの役割は，加齢とともに折り重なっていくが，それらをバランスよく果たしていく姿が，**ライフ・キャリアの虹**として表現されているのである。

　キャリア発達とは，個人が，こうした**ライフステージ上の諸役割を自律的に担っていけるようになる**ことである。そして，キャリア教育とは，個人が，そうした意味での**キャリア発達をしていけるように支援する**ことにほかならない。

　注目しておきたいことが，2つある。1つは，ここでのキャリア発達は，本書では何度も強調してきたことであるが，**「働くこと」だけではなく**，

*4　全米キャリア発達学会（仙﨑武ほか編訳）『D・E・スーパーの生涯と理論──キャリアガイダンス・カウンセリングの世界的泰斗のすべて』図書文化社，2013年，を参照。

ライフキャリア全体にわたって**幅広く理解**されていることである。もう 1 つは，そうした幅広いキャリア発達ができるように支援すること，そのために必要な「意欲・態度や能力を育てる教育」がキャリア教育なのだとすれば，それは，学校における特定の教科や単元，活動等でなされるものではない。**学校教育全体を通じて取り組まれるべき**課題であるということである。

📖 キャリア教育の定義 2.0＋α という落とし穴

　見てきたようなキャリア教育の定義 2.0 は，やや難解であるという欠点はあるものの，**専門的な知見**を踏まえた妥当な定義にはなっていたと言える。しかし，この定義 2.0 を提案した専門家による協力者会議は，おそらくは自分たちが提案した定義のわかりにくさに気づいていたのだろう。それゆえに，先の報告書には，以下のような「キャリア教育の定義 2.0＋α」を追記していた。

> 「キャリア教育」とは何かを端的に言えば，「児童生徒一人一人の勤労観，職業観を育てる教育」である。

　これは，正直に言ってしまうと，蛇足であり，勇み足である。
　キャリア教育のなかには，もちろん**勤労観・職業観を育てる**という側面も含まれている。しかし，両者はイコールではない。キャリア教育は，すでに何度も強調したように，もっと幅広いものである。にもかかわらず，「端的に言えば」という限定が付されているとはいえ，定義 2.0＋α のように言ってしまうと，**職業や仕事にかかわるワークキャリアを扱うのがキャリア教育である**と（誤って）受けとめられてしまうことが危ぶまれる。
　キャリア教育とは，「キャリア発達の支援である」という定義 2.0 は，つかみどころが定かではない。これに対して，「勤労観・職業観の育成である」という定義 2.0＋α は，ある意味で明快である。だからこそ，**成立期のキャリア教育においては，学校現場は一斉にキャリア教育の定義 2.0＋α に飛びついた。**そして，職業や仕事を扱わなくてはキャリア教育にはならな

い，と誤解してしまったのである。そう考えれば，成立期のキャリア教育の取り組みの偏りは，たぶんに教育政策の側の責任による部分も大きかったと言わなくてはならない。

📖 仕切り直しとしてのキャリア教育の定義3.0

　学校現場においては，キャリア教育の定義2.0ではなく，定義2.0＋αばかりが注目されてしまい，それゆえ，キャリア教育の取り組みが，ワークキャリアに傾斜しすぎてしまったことについては，その後，実は教育政策の側（文科省）も懸念していたように思われる。

　そこで，今後のキャリア教育・職業教育のあり方についての諮問を受けた**中教審の答申（2011年）**[*5] は，あらためてキャリア教育を以下のように説明し直すことになった。満を持して登場したキャリア教育の定義3.0は，以下のとおりである。

> 一人一人の社会的・職業的自立に向け，必要な基盤となる能力や態度を育てることを通して，キャリア発達を促す教育

　キャリア教育が，キャリア発達の支援であるという観点は，「支援」という用語が「促す」に変わったものの，基本的には定義2.0を引き継いでいる。新たに強調されたのは，**キャリア教育の目的が，子どもたち一人一人の「社会的・職業的自立」**であるという点である。

　重要なのは，この定義には「職業的自立」だけではなく，「**社会的自立**」が加えられたことにある。職業的自立に向けた教育であれば，それは，「勤労観・職業観の育成」というキャリア教育の定義2.0＋αの路線に舞い戻り，キャリアを狭い意味でのワークキャリアに閉じ込めてしまいかねない。定義3.0は，キャリア教育が職業的自立だけではなく，社会的自立に向けた教育でもあることを示すことで，**キャリア教育を幅広く捉え，ライフキャリア全**

＊5　中央教育審議会　「今後の学校におけるキャリア教育・職業教育の在り方について（答申）」　2011年

体にかかわるキャリア発達を促すというキャリア教育の役割を明示したのである。

📖キャリア教育で獲得させたい能力や態度

付言しておくと，中教審答申（2011年）で登場したキャリア教育の定義3.0では，**「勤労観・職業観」の位置づけは大きく後退**している。

図4-2は，答申で示された，キャリア教育を通じて子どもたちに身につけさせたいとされる能力や態度である。社会的・職業的自立に必要な力であるため，**「基礎的・基本的な知識・技能」**から，学校教育の出口における**「専門的な知識・技能」**までの系統的な獲得が求められつつ，**自らのキャリアを切り拓いていく力として，さまざまな能力や態度**が位置づけられている。

このうち，キャリア教育の観点から特に注目されるのが，**「基礎的・汎用的能力」**としてまとめられた4つの能力である。これらは，子どもたちが，将来どんな分野に進んでいくとしても必要となる基本的な力であり，自律的に自らのキャリアを形成していくためにも求められる。

この基礎的・汎用的能力と比較すると，勤労観・職業観は，確かに子どもたちに獲得させたい能力・態度には位置づいているが，やや周辺的なポジ

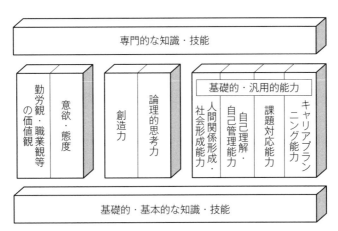

図4-2　「社会的・職業的自立，社会・職業への円滑な移行に必要な力」の要素

ションである。しかも，「勤労観・職業観」とストレートに表現されるのではなく，「勤労観・職業観等の価値観」と婉曲に表現されている。キャリア教育の定義2.0＋αで登場させてしまった以上，勤労観・職業観を無視するわけにはいかないが，とはいえ，それが中心であるかのような「誤解」は避けなくてはいけない。答申を書く側の立場からしても，苦心の産物であったのではないか。

📖 キャリア教育の定義の変遷と今後

　キャリア教育の登場から20数年が経つ。この20数年の期間にも，見てきたように，教育政策によるキャリア教育の定義は，二転三転してきた。初めての取り組みであったがゆえに，当初は「付け焼き刃」の定義にならざるをえず，途中では「勇み足」も経験しつつ，ようやく落ち着いたということなのかもしれない。

　ただ，現在では，**キャリア教育の定義3.0は，ある意味では不動の位置を獲得し，学校現場にもあまねく普及・浸透しつつある**ように見える。おそらくは今後とも，この定義が安定的に使用されていくのではなかろうか。

　なお，キャリア教育の定義3.0は，基本的には小学校から高校段階までの教育を念頭においたものであるが，実は，2011年に改正された**大学設置基準**には，以下のような条文がある[6]。

> 　大学は，（中略）学生が卒業後自らの資質を向上させ，社会的及び職業的自立を図るために必要な能力を，教育課程の実施及び厚生補導を通じて培うことができるよう，（中略）適切な体制を整えるものとする。

　ここには，キャリア教育という言葉は出てこないが，これは事実上，大学におけるキャリア支援・キャリア教育について規定したものである。そして，キャリア支援・教育は，学生の「社会的及び職業的自立を図るため」の

＊6　「大学設置基準」　第7条第5項，2011年改正

ものであると，明確に規定されている。用語（定義）としても，大学におけるキャリア支援・教育は，高校までのキャリア教育と符丁を合わせているのである（トピック 4 を参照）。

📖 第 4 章のポイント

1. 教育政策におけるキャリア教育の定義は，これまでに 3 つある。

2. 1999 年の中教審の「接続答申」における定義は，にわか仕立ての印象を拭えなかった。2004 年の調査研究協力者会議「報告書」では，その点は払拭できたが，「勤労観・職業観の育成」を強調しすぎるという誤解を生んだ。

3. 結局，「社会的・職業的自立」をキーワードとした 2011 年の中教審答申における定義によって，そうした誤解を解くとともに，現在に至るまでのキャリア教育の定義が確立した。

4. 定義の変遷は，実は，日本のキャリア教育の取り組みそのものの紆余曲折を反映している側面もある。

トピック3

諸外国におけるキャリア教育

　第4章では，教育政策におけるキャリア教育の定義について見てきた。そこには，（本書による名づけではあるが）定義1.0から定義3.0までの変遷が見られた。それは同時に，**教育政策が，キャリア教育を通じて何を実現しようとしたのかという課題意識の推移**を表したものでもある。

　そうした意味で，定義1.0から定義3.0への変遷は，きわめて興味深いのだが，それはあくまで**日本のキャリア教育**についての話である。今，読者のみなさんの理解を助けるための「補助線」として，**諸外国におけるキャリア教育**との比較という観点を持ち出すと，どうなるだろうか。

　おそらく，日本のキャリア教育と諸外国のキャリア教育の違いを目のあたりにすると，日本のキャリア教育における定義1.0から定義3.0までの違いなどは，およそ取るに足りないものに見えてくるのではなかろうか。定義1.0から定義3.0への変遷にもかかわらず，それらは，きわめて**日本的な，日本に特徴的なキャリア教育のかたち**だからである。

　では，日本と諸外国のキャリア教育は，どこが，どう違うのか。もちろん，世界中のすべての国のキャリア教育について詳細に述べることなどは不可能なので，以下では，欧米の主要国を念頭において，日本のキャリア教育

との相違について明らかにしてみたい。

📖キャリア教育という名称

　意外に思うかもしれないが，「キャリア教育」という用語は，**1970年代のアメリカ**において盛んに使用されたが[*1]，欧州諸国においては，これまでそれほど使われてはこなかった。アメリカにおいても，1980年代半ば以降はそれほど使われてはいない。

　もちろん，日本で「キャリア教育」と表現されるような教育が，1970年代のアメリカを除いて，欧米諸国には存在しないというわけではない。また，キャリア教育という用語の意味が通じないといったこともない。しかし，欧米諸国において頻度が高く，好んで使われる用語は，おそらくはキャリア教育ではなく，「**キャリアガイダンス**」であろう。

　キャリアガイダンスは，きわめて包括的な概念であり，**子どもから成人までを対象として，家庭，学校，地域，企業，ハローワークのような需給調整機関**などが実施主体となるキャリア支援の営みの全体を指す用語である。欧米においては，このうち，**子どもと若者を対象として，学校によって担われるキャリアガイダンス**が，日本で「キャリア教育」と言われる営みを指している。別の言い方をすれば，欧米諸国においては，子どもから成人までを対象とし，さまざまな場や機関によって取り組まれるキャリア支援の包括性や連続性が意識されており，そのなかに，子どもや若者を対象とし，学校で取り組まれるキャリア教育が位置づけられていると理解することもできる。

📖キャリア教育が開始された時期

　用語の問題はひとまず別として，**欧米諸国においてキャリア教育が開始されたのは，1970年代以降**のことである。その背景には，1960年代を通じた

---

*1　全米におけるキャリア教育への取り組みは，「キャリア・エデュケーション運動」と称された。K・ホイト（仙崎武ほか 訳）『キャリア教育──歴史と未来』 雇用問題研究会，2005年，を参照。

産業構造の転換や求められる労働力の高度化のなかで，欧米諸国においては**若年者の失業率**が軒並み急上昇し，深刻な社会問題になりはじめていたということがある。

　これに対して，日本においてキャリア教育が誕生するのは，すでに述べたように，2000年代前半のことである。1970年代以降の日本経済は，企業の減量経営などによって，オイル・ショック（石油危機）後の低成長期をうまく乗り切り，1990年前後にはバブル経済を迎えていた。その結果，**若年者の就労をめぐる困難**が社会問題化するのは，ようやく**1990年代半ば以降**のことであったという状況の差が大きいと考えられる。

📖 キャリア教育の担い手

　では，欧米においては，キャリア教育は誰が担っているのか。

　政策や行政の管轄という点で言えば，欧米諸国の場合には，**教育，雇用（労働），若者政策を統合的に所管する**官庁や組織が設置されるケースも多く，そこがキャリア教育を担っている。組織レベルでの統合はなくても，少なくとも政策ベースでは，横断的な取り組みがなされていたりもする。若者のキャリアの問題を考える際には，**教育政策と雇用（労働）政策は，相互に連携が求められる密接不可分な関係**にあるからである。

　これに対して，日本の場合には戦後から一貫して，**教育は文部省（文部科学省），雇用（労働）は労働省（厚生労働省）という棲み分け**（官庁縦割り）が成立しており，キャリア教育を担うのは，もっぱら文部科学省（文科省）である。実は，「若者自立・挑戦プラン」（2003年）では，内閣府，経済産業省（経産省），厚生労働省（厚労省），文科省による省庁横断的な施策の枠組みが成立したのだが，プラン自体は，当時の若年就労問題への対応を目的とした3年間の時限つきのものであった。

　また，学校内において誰がキャリア教育の担当者になるのかという点でも，欧米の場合には，**専門的な（キャリア）カウンセラー**が担うことが多いのに対して，日本の場合には，外部機関や専門人材との連携はあるにせよ，校務分掌としての**進路指導部の教師や担任教師**が担うことが圧倒的である。

📖 キャリア教育の内容

　最後に，キャリア教育の内容に関しても，欧米諸国と日本では特徴的な相違がある。

　全体的に見れば，①**自己理解**を深め，**意志決定や進路選択の能力**を育てる，②**社会や職業について理解**し，そのための**職場体験**や**インターンシップ**に取り組む，③キャリアプランの作成等を通じて**将来設計**を試みるといった大枠は，欧米も日本も共通である。ただし，異なるのは，キャリア教育の「出口」の段階における**専門・職業教育**の位置づけである。

　欧米諸国の場合には，後期中等教育の学校であれ，大学であれ，学校教育を終了する直前の段階には，本格的な専門・職業教育を受ける。日本の新卒採用のような慣行は存在せず，「**ジョブ型雇用**[*2]」を前提とする欧米諸国においては，若者たちは，**具体的な職務をこなすことのできる職業的知識やスキル**を身につけていなければ，そもそも仕事に応募することさえできないからである。したがって，それ以前の段階におけるキャリア教育は，幅広い意味での将来への準備教育を進めつつ，最終的には学校卒業までにどのような専門・職業教育を受けるかという点を軸に展開されることになる。

　他方，新卒採用と「**メンバーシップ型雇用**」を前提とする日本においては，医師や教師，美容師といった専門的職種に就く者を除くと，就職時には具体的な職務に応じた職業能力を身につけておくことは求められない。職業的知識やスキルは，就職後に，**OJT（オン・ザ・ジョブ・トレーニング）**を軸とする**企業内教育**を通じて身につけるからである。それゆえ，日本のキャリア教育においては，学校を卒業する段階に至るまで専門・職業教育はそれほど重視されず，代わりに「夢」「やりたいこと」「自分の軸」などが持ち出されるのである。

　こうした文脈において，欧米諸国のキャリア教育と日本のキャリア教育の特徴を分けているのは，「ジョブ型雇用」と「メンバーシップ型雇用」の違いである。

[*2]　濱口桂一郎　『新しい労働社会——雇用システムの再構築へ』（岩波新書）　岩波書店，2009年，を参照。

　少しだけ解説を付け加えておくと，「ジョブ型雇用」とは，企業内にはまず「仕事（ジョブ）」の切り分けがあって，その仕事をこなせる人材が雇われるという方式である。それゆえ，その仕事の新規の募集は，欠員が生じたときにのみ行われ，その仕事に応じた職業的知識やスキルを持った者のみが応募できる。

　他方，「メンバーシップ型雇用」とは，企業内にまず「人（メンバーシップ）」を位置づけ，その後にその人に見あった仕事を振り分けていくという方式である。それゆえ，採用は新卒採用を中心にして定期的に行われ，職業的知識やスキルが問われるのではなく，どの部署に配属されても力を発揮できるような潜在能力が評価される。

　また，処遇の面について言えば，ジョブ型雇用では，同じ仕事をしている限り，賃金は上がらない。また，その仕事がなくなれば解雇される可能性もある。他方，メンバーシップ型雇用では，企業側の都合による配置転換や転勤などを受け入れることが条件となるが，基本的には年功型で賃金は上昇し，定年までの雇用が保障される。

📖 日本型キャリア教育の功罪

　見てきたような欧米と日本におけるキャリア教育は，どちらかが優れていて，どちらかは劣っているということではない。双方におけるキャリア教育の違いは，それぞれの国の社会構造，もう少し正確に言うと，**労働市場と教育制度の違い**，**両者の接続の仕方の違い**に根ざしている。

　その意味で，優劣の問題ではないのだが，私たちは日本のキャリア教育が，欧米と比較すれば，かなり**独自な形態**になっていることを意識しておく必要があろう。その独自性には，言うまでもなく，**メリットもデメリットも**随伴している。

　日本型のキャリア教育の功罪のうち，メリットの部分は，おそらくその**柔軟性**にあるだろう。欧米型の場合には，本格的な専門・職業教育を組み込んでいるので，途中からの**進路変更が難しい**。選択した職業分野を変更したいと思えば，最初から新たな分野の専門・職業教育を受け直す必要がある。そ

れと比較すれば，日本型のキャリア教育には，そうした「融通の効かなさ」
は存在しない。

　逆に，日本型のデメリットは，**将来設計が「抽象化」してしまう**点にあろ
う。メンバーシップ型雇用という新卒採用では，職業的知識やスキルの有無
ではなく，**潜在能力**によって採用が決まる。若者たちの側から見れば，欧米
のように，どの職業能力を身につけていれば（職業資格を取得すれば），職
に就くことが見込めるという見通しが立たないのである。**何を，どう努力す
れば大丈夫なのかが見えにくい日本のシステム**は，子ども・若者にとって
は，ある意味で欧米諸国以上に過酷なものであるとも言えるだろう。

第5章

キャリア教育の現在

　さて，ここまでいろいろと述べてきたが，日本のキャリア教育の現在地は，どこにあるのだろうか。

　第4章では，教育政策における「キャリア教育」の定義の推移を見た。定義の変遷には，キャリア教育の取り組みにおける目的や重点，手法などの変化が反映されていた。それでは，そうした展開の結果，キャリア教育は，現在どうなっているのか。この章では，この点を確かめてみたい。

　そのために，すでに述べたキャリア教育の「定義1.0」から「定義3.0」に至る変遷を手がかりとしつつ，最終的には2020年以降に全面実施された**現行の学習指導要領**を参照する。そこでのキャリア教育の位置づけは，従来の政策よりも踏み込んだものであり，ある意味で，これまでの**キャリア教育政策の到達点**を示しているとも言える。ここを，**キャリア教育の現在地**として理解したい。

　念のために付記すれば，現行の学習指導要領とは，2017年3月に告示された小学校学習指導要領および中学校学習指導要領，2018年3月に告示された高等学校学習指導要領のことである。それぞれ移行措置の期間を経て，小学校は2020年度，中学校は2021年度から全面実施，高校は2022年度か

ら年次進行で実施されている。

📖 キャリア教育のファースト・ステージ

　大胆に整理すれば，これまでのキャリア教育の展開は，① 2004 年以降，日本で初めてキャリア教育の取り組みが開始された「**ファースト・ステージ**」，② 2011 年の中央教育審議会（中教審）の答申が，その後のキャリア教育の基本的なあり方や方針を示して以降の「**セカンド・ステージ**」，③ 2017 〜18 年に改訂された現行の学習指導要領に基づくキャリア教育が展開されるようになった「**サード・ステージ**」（現在），に時期区分することができるのではなかろうか。以下，順に説明していく。

　ファースト・ステージは，第 4 章との関連で言えば，1999 年の中教審答申「初等中等教育と高等教育の接続の改善について」におけるキャリア教育の「**定義 1.0**」（キャリア教育＝職業教育＋進路指導）は存在していたが，学校現場に対しては，2004 年の調査研究協力者会議の報告書による「**定義 2.0**」（キャリア教育＝キャリア発達の支援）および「**定義 2.0＋α**」（キャリア教育＝勤労観・職業観の育成）が存在感を持っていた時期に当たる。とはいえ，すでに述べたように，定義 2.0 が必ずしもわかりやすいものではなかったこともあって，現場においては定義 2.0＋α の影響力が圧倒的に強かった。

📖 この時期のキャリア教育政策

　表 5-1 に，キャリア教育の推進に関するこの時期の文部科学省（文科省）の主要政策を列挙してみた。眺めてみると，いくつかのことが見えてくる。

　1 つは，教育政策の側の「慌てぶり」であり，その背後に透けて見える学校現場の「困惑」である。2004 年を皮切りに，これまでに経験のない新規の取り組みが，いきなり開始されることになった。専門家による調査研究協力者会議が発行した報告書（2004）だけでは足りなかったようで，**ガイドブックや手引きなどが何度も発行**されている。実際，「キャリア教育とは何

表5-1　文科省によるキャリア教育関連政策の年表

2004 年	キャリア教育の推進に関する総合的調査研究協力者会議　「報告書——児童生徒一人一人の勤労観，職業観を育てるために」
	「新キャリア教育プラン」開始　（キャリア教育推進地域の指定等）
2005 年	「キャリア・スタート・ウィーク」開始　（中学校で5日間連続の職場体験を試行）
2006 年	「中学校職場体験ガイド」刊行
	「小学校・中学校・高等学校　キャリア教育推進の手引き」刊行
2007 年	高等学校におけるキャリア教育の推進に関する調査研究協力者会議　「報告書——普通科におけるキャリア教育の推進」
2008 年	「教育振興基本計画（第1期）」策定　（キャリア教育の推進を明記）
2010 年	「小学校キャリア教育の手引き」刊行
2011 年	「中学校キャリア教育の手引き」刊行
	「高等学校キャリア教育の手引き」刊行

なのだ」「いったい何に，どう取り組めというのか」といった現場の教師たちの苛立ちや恨み節が聞こえてきそうな状況があった。

　通常，学習指導要領が改訂される際には，改訂の前後からさまざまな情報が行き渡るとともに，新しい教育課程に移行するまでにはさらに数年間の移行期間が設定される。年度の切り替わりとともに一気に教育課程を更新するのは無理であるし，教師たちが新たな教育内容や方法を理解し，対応するために，一定の準備期間が必要になるからである。

　しかし，**キャリア教育の導入に際しては，そんな猶予期間は設定されなかった**。すでに指摘したように，2003年に「若者自立・挑戦プラン」が策定されると，2004年にはキャリア教育推進のための経費が予算化され，実施に移された。そうした事情も含め，**キャリア教育の導入をめぐる学校現場の困惑**は，キャリア教育の開始時だけのことではなく，しばらくの期間続いたように思われる。

　2つめに，日本の学校にキャリア教育を定着させていくために，文科省が戦略的に最初のターゲットにしたのは，**中学校に職場体験を導入**することであったということである。2005年以降の**研究指定校での試行**を皮切りに，日本全国の中学校に職場体験を普及していくことをめざしていた。そして，

それは実際に実現し，大成功を収めたと言える。**文科省→都道府県教育委員会→市町村教育委員会というルートを通じた行政指導**が強力に機能した結果であろうが，その後，中学校における職場体験の実施率は，瞬く間に急上昇を続け，2018年度には**全公立中学校の97.7％で実施**されるに至った[*1]。

とはいえ，文科省の戦略は，実践的なレベルでのキャリア教育推進の「象徴」を職場体験の実施に求めるものであったのだが，それは，現場の教師たちには，**「キャリア教育とは何か」についての強烈な原イメージを植え付け**たはずである。同時に，この時期の現場に流布していたのは，「定義2.0＋α」による，キャリア教育とは「勤労観・職業観の育成」であるという教義でもあった。そうであれば，この状況下において多くの教師たちが，「キャリア教育とは，**職業や仕事に向かう意識や能力を育てること**」であると考えるようになったとしても無理からぬところがあろう（第2章では，それは，**誤解**にほかならないと指摘したのだが）。

📖 キャリア教育のセカンド・ステージ

キャリア教育のファース・ステージは，見てきたように，それまでに経験のない教育への取り組みを求められた学校現場の**戸惑いや混迷**からスタートしつつ，しだいに，**「職業や仕事について学び，勤労観・職業観を育てる**ことがキャリア教育である」という共通理解がもたらされ，広がっていった時期であった。

これに対して，セカンド・ステージは，「勤労観・職業観の育成」としてのキャリア教育を全面的に否定するわけではないが，それだけだと，**狭くなったり，偏ったりしがちなキャリア教育についての解釈や学校現場の受けとめ方を改善**し，もっと幅広く，バランスのいいキャリア教育の展開をめざした時期であると言える。

教育政策の立場からすれば，セカンド・ステージがめざしたのは，第1に，ファースト・ステージにおける**学校現場の混乱を収め，キャリア教育を**

---

*1　国立教育政策研究所　「平成30年度における職場体験・インターンシップ実施状況等について」　2020年

推進していく安定的な枠組みを提示していくことにあった。第2には，ファースト・ステージにおいて広がりつつあった，「勤労観・職業観の育成」を中心としたキャリア教育への取り組み方を修正し，「**学校教育全体を通じたキャリア教育への取り組み**」を推進していくことであった。

📖 2011 年の中教審答申が切り拓いた地平

　以上のようなねらいを持ったキャリア教育のセカンド・ステージは，第4章でも取り上げた **2011 年の中教審答申**「今後の学校におけるキャリア教育・職業教育の在り方について」によって幕を開けた。

　すでに述べたように，この答申におけるキャリア教育の「定義3.0」は，「**キャリア発達の支援**」という 2004 年段階の（普及はしなかったかもしれないが，内容的には妥当な）「定義2.0」を継承しつつ，そのキャリア教育の目標として，新たに「**社会的・職業的自立**」を掲げた。それは，キャリア教育の営みを，狭い意味でのワークキャリアの問題（**職業的自立**）に閉じ込めることなく，子どもたちの**社会的自立**（大人になること）を支援するという目的に拡張したものである。

　また，キャリア教育を通じて，子どもたちに身につけさせたい能力として，「**基礎的・汎用的能力**」を軸とする幅広い諸能力を提示して，「勤労観・職業観等の価値観」は，そのうちの1つである（1つにすぎない）ことを明示した（p. 59 の図 4-2 を参照）。逆に言えば，そうした幅広い能力を育てるキャリア教育は，学校教育のなかの特定の教科や単元，活動のみによって担うことはできず，**学校教育全体を通じて取り組まれるべきもの**とされたのである[*2]。

📖 教育課程全体を通じた体系的・系統的・組織的なキャリア教育へ

　述べてきたように，セカンド・ステージに立つ 2011 年の中教審答申がめ

---

*2　拙稿「キャリア教育研究」金山喜昭ほか編『キャリアデザイン学への招待――研究と教育実践』ナカニシヤ出版，2014 年，を参照。

ざしたのは，**ファースト・ステージではやや性急**に，「**にわか仕立て**」で立ち上げられたキャリア教育を，学校の**教育課程のなかに明確に位置づけ**直し，**学校教育の一環として取り組んでいく体制**を構築することであったと言える。

　学校教育の一環として取り組まれる以上，キャリア教育は，**特定の内容に偏ることなく，幅広く「体系的」**に実施される必要がある。答申には，以下のような記述が存在する。

> 　[これまでのキャリア教育の理解においては——引用者]「体験活動が重要」という側面のみをとらえて，職場体験活動の実施をもってキャリア教育を行ったものとみなしたりする傾向が指摘されるなど，一人一人の教員の受け止め方や実践の内容・水準に，ばらつきがあることも課題としてうかがえる。

　やや回りくどい表現ではあるが，これまでのキャリア教育の捉え方の狭さを指摘したものである。だからこそ，答申全体を通じた視点として，次のようなことが強調されている。

> 　[キャリア教育は——引用者]特定の活動や指導方法に限定されるものではなく，様々な教育活動を通して実践される。

　また，教育課程全体を通じて**体系的**に取り組まれるべきキャリア教育は，**学年や学校段階等を踏まえ，子どもたちの発達段階にふさわしいかたちで「系統的」**に取り組まれる必要もある。例えば，先に触れたように，現在の日本では，中学校での**職場体験**の普及率がきわめて高い。そうであれば，高校では，中学時代の経験を踏まえ，それをさらに深めていけるような**就業体験（インターンシップ）**の実施・充実が求められる。逆に，小学校で，地域の**商店街の見学**や**職場訪問**などの取り組みがなされれば，それは，中学校での職場体験につながる基礎的な体験学習の機会を提供することにもなる。

　そして，各学校段階・学校における教育課程を通じて**体系的・系統的**に取

り組まれるキャリア教育は，「**組織的**」に推進・運営されていく必要もある。ここでいう「組織的」とは，第10章で詳述するが，キャリア教育が，個々の教師によってバラバラに担われ，進められるのではなく，学校内の**教師集団によって組織的に運営・推進**されていくとともに，**家庭や地域社会**，さらにはキャリア教育にかかわる**専門的な諸機関**（ハローワーク，地域若者サポートステーション，労働基準監督署，等）や**専門的な外部人材**（キャリアコンサルタント，キャリア教育コーディネーター，等）との有機的な連携によって取り組まれるという意味である。

　以上に見てきたように，**セカンド・ステージのキャリア教育**とは，キャリア教育の取り組みを，「若年就労問題」の深刻化に対応するための「緊急対策」的なものではなく，学校教育の日常に根ざすものとして，**各学校段階・学校における教育課程を通じた「体系的・系統的・組織的」**なものにしようと腐心した時期であったと言える。

📖 キャリア教育のサード・ステージ

　キャリア教育のセカンド・ステージが実現しようとしたのは，ある意味で**キャリア教育の「王道」**であり，現在に至るまでのキャリア教育の土台となるものである。

　では，**キャリア教育のサード・ステージ**は，さらに何をなそうとしたのか。結論的に言えば，セカンド・ステージのキャリア教育の考え方や枠組みを継承しつつ，それを**学校教育の「日常」に埋め込もうとした**と理解することができる。

　比喩的な言い方を許してもらえば，これまでのキャリア教育は，学校教育にとっては，いわば「外来種」であり，「在来種」である学校の教育課程全体との関係では，ある意味で**居心地の悪さ**を抱え持っていた。もちろん，すでに見たセカンド・ステージのキャリア教育は，**教育課程のなかにキャリア教育を明確に位置づける**ことで，キャリア教育の「据わり」を良くし，学校の教育課程全体としての体系性を保持しようとしていた。しかし，教育課程そのものは，それ以前からの既存のものを使わざるをえないという限界を有

していたとも言える。

　これに対して，サード・ステージのキャリア教育は，学校の**教育課程の側**
の「建て付け」を変更することで，キャリア教育を**教育課程の内部に有機的**
に溶け込ませ，「内在化」させようとした。なぜ，そんな芸当ができたのか
と言えば，キャリア教育のサード・ステージは，2017〜18 年に告示された
学習指導要領の改訂を契機として，2020〜22 年に全面実施（高校は 22 年か
ら年次進行で実施）となった**新しい教育課程において開始されたものだから**
である。つまり，新教育課程において，キャリア教育はもはや「外来種」で
はなく，最初から「在来種」として位置づけられたのである。

📖 現行学習指導要領におけるキャリア教育

　では，2017〜18 年に改訂された学習指導要領において，キャリア教育は
どのように位置づけられたのか。

　端的に，学習指導要領の**「総則」**において，以下のような**キャリア教育に**
ついての規定が置かれることになった。

> 　生徒が，学ぶことと自己の将来とのつながりを見通しながら，社会
> 的・職業的自立に向けて必要な基盤となる資質・能力を身に付けていく
> ことができるよう，特別活動を要としつつ各教科等の特質に応じて，
> キャリア教育の充実を図ること。　　　　　　　　　　（中学校学習指導要領）

　この規定は，**小学校，中学校，高等学校のすべての学習指導要領におい**
て，同一の内容である。ただし，小学校学習指導要領においては，冒頭の主
語である「生徒」が「児童」に置き換えられ，高等学校学習指導要領では，
「各教科等」が「各教科・科目等」になる。

　また，中学校学習指導要領および高等学校学習指導要領においては，この
規定に続けて，次のような**進路指導についての規定**が加えられている。

> 　　その中で，生徒が自らの生き方を考え主体的に進路を選択することが

> できるよう，学校の教育活動全体を通じ，組織的かつ計画的な進路指導
> を行うこと。
> （中学校学習指導要領）

　ただし，高等学校学習指導要領では，「自らの生き方」は「自己の在り方
生き方」に置き換えられている。「その中で」とあるように，キャリア教育
と進路指導はもちろん同義ではなく，より包括的な営みがキャリア教育であ
り，**進路指導はキャリア教育に含まれる**という規定になっている。

　いずれにしても，注目しておくべきことが，3つある。

　1つは，前回の2008〜09年改訂の学習指導要領の小学校版，中学校版に
おいては，実は「キャリア教育」という用語は，一度も登場していなかった
ことである。唯一，高等学校学習指導要領において，「総則」の「**職業教育
に関して配慮すべき事項**」のなかに，「キャリア教育を推進する」という文
言が，1箇所だけ存在していた。この時点では，学校現場でのキャリア教育
の取り組みは開始されていたにもかかわらず，きわめて消極的，あるいは曖
昧な扱いだったのである。これと比較すれば，現行の学習指導要領における
キャリア教育の規定は，きわめて積極的であり，明確である。

　2つめは，冒頭に「生徒（児童）が，**学ぶことと自己の将来とのつながり
を見通しながら**」とあるように，現行の学習指導要領においては，学校の教
育課程における日常の学びとキャリア教育との関係が強く意識されている。

　3つめは，学校教育においてキャリア教育に取り組むべき場面は，「特別
活動を要としつつ」「各教科（・科目）等の特質に応じて」と明記されたよう
に，**学校の教育課程全体**であることが明確化された。キャリア教育が，学校
教育全体を通じて取り組むべき営みであることは，これまでも原則とされて
いたが，現行の学習指導要領においては，それが，より踏み込んだかたちで
強調された。

　以上のような現行学習指導要領におけるキャリア教育の規定が，実際にど
のような意味を持つのかについては，次章以下で詳しく見ていく。ここで
は，サード・ステージにおけるキャリア教育が，こうしたかたちで，**学校の
教育課程の「日常」に内在的に埋め込まれた**という点を確認しておくことに
したい。

📖第 5 章のポイント

1 　日本のキャリア教育の展開は，これまでに 3 つのステージを経てきた。

2 　ファースト・ステージは，2004 年以降の成立期のキャリア教育であるが，その内容は，「勤労観・職業観の育成」に傾斜しがちであった。

3 　セカンド・ステージは，2011 年の中教審答申後の時期であり，ファースト・ステージの反省に立ちつつ，キャリア教育の内容を「社会的・職業的自立」を促すという目的のもとに幅広く捉え直した。

4 　サード・ステージは，2017～18 年の学習指導要領改訂によって，セカンド・ステージの内容を引き継ぎつつ，キャリア教育を学校の教育課程の「日常」に埋め込もうとした時期であり，キャリア教育の現在地である。

トピック 4

大学におけるキャリア支援・教育

　本書では，小・中・高校におけるキャリア教育の登場と政策的な展開，取り組まれてきたキャリア教育実践の問題や課題等を検討の対象としている。その方針は，以下の章においても変わらない。ただ，日本の小・中・高校においてキャリア教育が開始され，展開された 2000 年代以降の時期は，実は，**大学においてもキャリア支援・教育が展開されはじめた時期**と大きく重なっている。

　以下では，ごく概略的にではあるが，日本の大学におけるキャリア支援・教育が，**いつ，どのような経緯で開始**され，**どのように展開**され，そこには**どんな問題や課題**があったのか，そして現にあるのかについて述べておきたい。小・中・高校のキャリア教育と**共通する課題**ももちろんあるが，学校教育の段階とは対照的な，**大学教育に独自の問題や課題**を見てとることもできるだろう。

📖「キャリア支援・教育」という用語

　あらかじめ，用語について確認しておく。

　教育界では，小・中・高校の段階について，子どもたちの「社会的・職業的自立」に向け，キャリア発達を促すための教育的働きかけを，すべて「キャリア**教育**」と称している。本書でも，キャリア教育の「定義」問題（理解の仕方の狭さ・広さ，ねらいや範囲の揺れなどをめぐる問題）についてここまで議論してきたが，そうは言っても，そこで想定されていた教育活動は，すべて「キャリア教育」としてくくられるものであった。なぜなら，小・中・高校の学校段階におけるキャリア教育の諸活動は，特別活動における取り組みであれ，各教科や「総合的な学習（探究）の時間」における取り組みであれ，すべて学校の「**教育課程**」の内部に位置づくものであるからである。

　これに対して，大学において学生の「社会的・職業的自立」を促す教育的働きかけには，**正課課程の授業**として行われるもの（一般的には，「**キャリア教育科目**」などと称される）もあれば，**正課外**で，キャリアセンター等が実施しているガイダンスやセミナー，個別面談なども存在している。前者は，当然「**キャリア教育**」と呼びうるものであるが，後者は，大学の**教育課程に位置づく活動ではない**ため，正確に言えば，キャリア教育ではなく「**キャリア支援**」と呼ぶことがふさわしい。大学教育の現場においては，この両者がそれぞれに展開されているため，ここでは，両者を併せて「**キャリア支援・教育**」と呼ぶことにした。

　なお，キャリア支援・教育が開始されるよりも以前から，日本の大学が伝統的に実施してきた学生支援の主要なものの1つには，「**就職活動支援（就活支援）**」がある。**就活支援**とキャリア支援・教育を厳密に区別することは，実際上は難しいところもあるが，しかし，概念としては区分される必要がある。

　就活支援は，情報提供・ガイダンス・個別面談等を通じて，時には，エントリーシート（ES）の書き方や面接対策などのノウハウの伝授も含めて，**就職活動そのものを支援**することを目的とする。それに対して，キャリア支援・教育は，結果として就職活動の支援につながることもあるかもしれないが，第一義的には，幅広い視点から**学生のキャリア形成やキャリア発達を支援**することを目的としている。

　比喩的な意味でだけ言えば，小・中・高校における進路指導のうち，いわば「**出口指導**」に当たる部分が，大学における「就活支援」であり，前者の「キャリア教育」が後者における「キャリア支援・教育」に対応していると考えることもできるだろう。

📖 大学におけるキャリア支援・教育を登場させたもの

　では，日本の大学はなぜ，キャリア支援・教育に取り組むようになったのだろうか。主として，2つの要因が考えられる。

　1つは，小・中・高校におけるキャリア教育の登場を促したのと同じ社会的背景である。1990年代半ば以降に「**若年就労問題**」が深刻化したこと，具体的には，新卒者の就職難，フリーター（非正規雇用）の増加，早期離職率の高止まりなどが社会問題化したことが，大学に対しても，こうした状況への対応を求めることになった。

　小・中・高校の場合には，2003年に政府レベルで策定された「**若者自立・挑戦プラン**」において，文部科学省（文科省）が，学校教育全体を通じたキャリア教育の推進という施策を打ち出した。これは，すでに述べたとおりである。

　大学の場合には，およそ10%強の学生は，大学卒業後に大学院等に進学[1]するが，大多数の学生は，大学を最終学歴として，社会に出て就職していく。その「**大学から職業への移行**」**プロセスにさまざまな困難が生じはじ**めたわけである。大学教育にとって，自らの存在意義を揺さぶられかねない死活問題であり，喫緊の対応が求められたと言える。

　2つめは，こうした若年就労問題が顕在化した時期は，**少子化の進行**を背景として，入学者の確保や大学としての社会的威信をめぐる**大学間競争が激化**した時期と重なっていたという事情である[2]。つまり，大学間競争に巻き

---

[1]　文部科学省の「学校基本調査（2022年度）」によれば，大学卒業後の「進学者」は，12.4%である。この10年以上のあいだ，減少ないし横ばい傾向にある。

[2]　定員割れする私立大学は，2000年代以前は10%未満であったが，それ以降は，30～40%台を推移している。日本私立学校振興・共済事業団 「私立大学・短期大学等入学志願動向」各年度版，を参照。

込まれていた各大学は，言ってしまえば，選択の余地なく，学生に対する
キャリア支援・教育に乗り出すことになった。ライバル校が続々とキャリア
支援・教育の取り組みに着手し，手厚い支援を施そうとしているのに，その
流れに乗らないのは，自校の**大学としての評価や評判を落とす**ことになりか
ねなかったからである。

　顧みれば，大学間競争が激しくなった2000年代以降の時期は，メディア
において，大学現場の実情や苦境などが盛んに報じられた時期でもある。そ
して，雑誌やWeb上には，ことあるごとに各種の「**大学ランキング**」が掲
載されるようにもなった。大学におけるキャリア支援・教育は，こうした競
争環境において，**メディアにも煽られ**つつ，各大学が自主的に取り組みを開
始することで，瞬く間に普及していったのである。

　こう見てくると，小・中・高校におけるキャリア教育と大学におけるキャ
リア支援・教育は，同じく1990年代半ば以降における「若年就労問題」の
深刻化を背景に取り組みが開始された営みであるが，その**取り組みを普及さ
せる推進力**となった要因は，きわめて対照的であることがわかる。言うまで
もなく，学校段階におけるキャリア教育を進めたのは，**文科省による「上か
ら」（トップダウン）の政策決定と教育行政を通じた強力な指導・助言**で
あった。これに対して，大学におけるキャリア支援・教育を推進したのは，
少なくとも当初においては，大学間競争を背景とした，**各大学における「下
から」（ボトムアップ）の自主的取り組み**であった。

📖 キャリア支援・教育の登場と展開

　さて，今日に至るまでの大学におけるキャリア支援・教育の展開・普及プ
ロセスは，以下のような3つのステージに時期区分することができる[*3]。

　第1期は，2000年前後から，先駆的に動きはじめた大学を中心として，
各大学が，それ以前から実施してきた「**就活支援**」を「**キャリア支援**」へと

---

*3　拙稿「大学におけるキャリア支援・教育の現在地──ビジネスによる侵蝕，あるいは大
　学教育の新しいかたち？」『日本労働研究雑誌』　No.716，労働政策研究・研修機構，2020
　年，を参照。

拡張していった時期である。

　そのことを象徴するのは，この時期以降，大学が，もともと存在していた就職部（課）を「**キャリアセンター**」などへと組織転換（再編）する動きが続いたことである。こうした組織転換の背景には，単なる名称変更にはとどまらない事情があった。端的に言えば，**就職部が行う業務が拡大**し，質的な意味でも，単純な**就活対策にはおさまらないキャリア支援**が求められるようになったのである。

　まさにこの時期には，インターネット上の**就職情報サイトを活用する現在のような就職活動の方式**が主流となった。そこでは，**エントリーシートの作成**やその前提となる**自己分析**，**業界研究や会社研究**，**SPI 等の「適性検査」対策**など，就活に際して学生が対応しなくてはいけないことが格段に増えていた。加えて，折からの新卒の就職難である。なかなか就職（内定）が決まらない学生を前にして，各大学の就職部は，学生に対する働きかけと支援を強めていくが，しだいに大学３年次後半から「付け焼き刃」のように就活のノウハウ的対策をしていても，結局は，支援の効果が上がらないことに気づいていく。

　結果，学生に対する支援を，狭い意味での「就活対策」に限定するのではなく，**低学年のうちから，卒業後の進路や将来設計を考え**たり，**社会理解や職業理解**を深めたり，インターンシップ等を通じて啓発的経験をしておくことを促すようになる。これが，各大学における「キャリア支援」のはじまりであり，それを担う組織が，就職部ではなく，「キャリアセンター」などと名乗るようになったのである。

📖 文科省の大学政策による後押し

　第２期は，2006 年以降，大学におけるキャリア支援の取り組みが拡大・普及していくと同時に，各大学において「**キャリア教育科目**」の設置が進み，大学版の「キャリア教育」が普及していった時期である。

　第１期以来，文科省は，キャリア支援・教育の推進を，法令等を通じて直接的に大学に求めることには慎重であったが，この時期には，**補助金政策な**

どを通じて，巧みに**各大学における取り組みを誘導**しはじめていた。大学教育改革の進捗を促すことを目的とする「**GP事業**[*4]」において，「キャリア教育の推進」をテーマとする公募区分を設定したり，その後も継続して，「**就業力育成**」や「**産業界のニーズに対応した教育改善**」をテーマとする補助金事業を実施したことが，これに当たる。

すでに述べたように，苛烈な大学間競争に飲み込まれていた各大学は，文科省の**補助金事業に採択されること**が，**大学としての評価を高める**ことにもなるため，我先を争うがごとく，キャリア支援・教育の実施に邁進していくことになった。

そして，**第3期**は，こうした機運を受け，文科省が大学設置基準の改正（2011年）に踏みきり，各大学における「**キャリアガイダンス**[*5]」**の実施を義務化**した以降の時期である。これ以降，第2期まではキャリア支援・教育の実施に必ずしも積極的ではなかった大学も，「キャリア教育科目」を設置するなど，キャリア支援・教育の実施に取り組むようになる。結果として，キャリア支援・教育は，**全国の大学にあまねく普及**することになった。

📖 人材・教育ビジネスの参入

見てきたような第1期から第3期に至る大学のキャリア支援・教育の普及・発展は，実はかなりの程度まで，**人材・教育ビジネスの大学教育への参入**によって支えられていたことを看過するわけにはいかない。

ここで言う人材・教育ビジネスとは，人材の研修・教育，派遣，就職・転職支援などに従事してきた**人材系**の企業，および塾・予備校，通信教育等の**民間教育産業**に従事してきた企業のことである。これらの企業が，学生に対するキャリア支援・教育の取り組みの**業務委託**を受けたり，**講師等を派遣**したり，「キャリア教育科目」の**カリキュラム設計や教材開発**等を請け負って

[*4]　大学教育改革の先導事例（Good Practice）を公募した補助金事業であり，キャリア教育の推進をテーマに掲げたのは，2006年度の「現代的教育ニーズ取組支援プログラム」からである。

[*5]　大学設置基準では，正確には「学生が卒業後自らの資質を向上させ，社会的及び職業的自立を図るために必要な能力を……培う」（第7条第5項）と表現されている。

きたのである。

　大学のキャリア支援・教育と人材・教育ビジネスとの，切っても切れない関係ができあがってきた理由は明確である。

　1つは，大学が新たにキャリア支援・教育に取り組もうとした際，それを担う人的資源も，実施していく経験も力量・ノウハウも，既存の大学は持ち合わせていなかったこと。言ってしまえば，**大学側の主体的力量の欠如**が，人材・教育ビジネスを招き入れることになった。

　もう1つは，大学のキャリア支援・教育の現場が，**「大学教育支援というビジネス」市場**として成立したことである。

　時系列で見れば，すでに第1期において，就職部（キャリアセンター）が，従来の「就活支援」を「キャリア支援」に転換しようとした際に，**業務量の面でも，業務内容の面でも専任職員だけでは担いきれない**という事態が発生した。その結果，大学自らでは担いきれない部分に人材・教育ビジネスが参入し，大学側もそこに頼るという構図ができあがった。

　そして，第2期以降になると，文科省による補助金事業が開始されたため，大学のキャリア支援・教育は，人材・教育ビジネス側にとっても一定のメリットの感じられる「市場」となった。また，この時期から「キャリア教育科目」の設置が，各大学において加速していくが，それは**大学側にとっても未知の経験**であり，ビジネスが入り込む余地が十分に存在していたのである。

📖 大学におけるキャリア支援・教育の課題

　いずれにしても，以上のような経緯を経て，大学においてキャリア支援・教育の取り組みが登場し，その後も着実に普及してきた。

　表T4-1は，文科省の調査[*6]から，「教育課程内でキャリア教育を実施する」大学，つまりは，「キャリア教育科目」などを設置する大学数の推移をたどったものである。2011年度の段階ですでに，**全国の大学の9割以上で**

----

*6　文部科学省　「大学における教育内容等の改革状況について」　各年度版

表 T4-1　教育課程内でキャリア教育を実施する大学数

2011 年度	665 校	90.2%
2012 年度	699 校	94.1%
2013 年度	707 校	95.8%
2014 年度	715 校	96.8%
2015 年度	723 校	96.9%
2016 年度	713 校	96.9%
2017 年度	724 校	98.4%
2018 年度	724 校	97.8%
2019 年度	726 校	97.8%
2020 年度	736 校	98.0%

実施されていたことがわかる。大学におけるキャリア支援・教育は，この10 年強のあいだに，驚くほどに普及してきた。

とはいえ，この普及プロセスは，大学におけるキャリア支援・教育が，これまで順風満帆に「発展」してきたことを意味するわけではない。むしろ，そこには，さまざまな**問題点や課題，懸念される点**も残されている。主要な論点を，最後に指摘しておきたい。

第 1 に，**人材・教育ビジネスとの関係**がある。大学におけるキャリア支援・教育のここまでの普及が，人材・教育ビジネスの存在を抜きにしては考えられないことは事実である。大学側が主体性を発揮しつつ，人材・教育ビジネスと連携・協働しているのであれば，そこには何の問題もない。しかし，もし仮に，キャリア支援・教育の業務が，言ってしまえば，**事業者に「丸投げ」**されていたり，**事業者側の言いなりの内容**になっていたりするのであれば，それは，大学教育のあり方として看過することのできない問題である。

第 2 に，人材・教育ビジネスの強い影響のもとに開発されたキャリア支援の手法やキャリア教育科目は，**ワークキャリアに傾斜した内容**や，**就職活動との関連を意識しすぎた（場合によっては，ノウハウ的な）内容**になりがちである。就活支援はともかくとしても，少なくともキャリア支援・教育については，その内容は，**大学教育にふさわしい学問的なバックボーン**に裏打ち

され，**学生のライフキャリア全体を視野**に入れたものとなる必要があろう。

　第3に，各大学におけるキャリア支援・教育が，大学教育の本体である**専門教育や一般教育から遊離**し，いわば大学の教育課程に「外づけ」されてしまうことが危惧される。小・中・高校におけるキャリア教育と同様に，**大学のキャリア支援・教育も，幅広い意味では，キャリアセンターや「キャリア教育科目」だけが受け持つものではなく，正課，正課外を含めて大学教育全体で担うもの**である。そのためには，専門教育や一般教育のあり方も，一般の教職員の意識も変わる必要があるが，この点は，今後に向けた大きな課題であろう。

第Ⅲ部
キャリア教育の内容と方法

第6章

特別活動を通じたキャリア教育

さて，ここからの第Ⅲ部では，キャリア教育を実際にどう進めていけばいいのか，その内容と方法に迫ってみたい。

第5章で見たように，現行の学習指導要領には，総則に**「特別活動を要としつつ各教科（・科目）等の特質に応じて，キャリア教育の充実を図ること」**とする規定が置かれている。要するに，キャリア教育には，特別活動においても，各教科等[*1]においても，つまりは**学校の教育課程全体を通じて取り組むこと**を求めている。

この章では，このうち，「要」としての位置づけを与えられた特別活動におけるキャリア教育について見ていく。

📖 キャリア教育における「要」とは？

キャリア教育の推進において，特別活動が要になるとは，いったいどういうことなのだろうか。——まずは，ここからはじめよう。

[*1] 小・中学校においては，教科，特別の教科 道徳，総合的な学習の時間。高校においては，教科・科目，総合的な探究の時間である。

　辞書的な意味で言えば，「要」とは，「物事のもっとも大事なところ，要点」のことである。この点から判断すれば，学習指導要領が言わんとしているのは，**「キャリア教育の取り組みにおいて，もっとも重要なのは特別活動である」**ということになるだろうか。この解釈が間違っているわけではないが，やや平板な理解になってしまうかもしれない。

　思いきって，「要」の転用された意味（＝もっとも大事なところ）ではなく，原義である**扇（あるいは扇子）**の要の部分を想定すると，わかりやすいかもしれない。

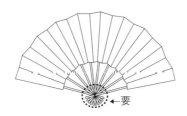

←要

　風を送るための道具である扇は，竹などを骨にして**「紙や布」**が貼られた部分と，竹などを束ねてまとめる**「要」**からできている。要がなければ，扇は折りたたんだり，開いたりすることはできないし，風を送る道具としても使えない。しかし，要だけがあっても，紙や布がなければ，扇は風を送ることができない。こうした意味で，「要」は，確かにもっとも肝心で大事な部分ではあるが，実は，「紙や布」と補いあうことで，初めて扇を扇として機能させるのである。

　今の話における「扇」をキャリア教育，「要」を特別活動，「紙や布」を各教科等と理解すればよい。言うまでもなく，要である特別活動は，**キャリア教育を支える土台骨**である。しかし，その特別活動が，単体でキャリア教育として機能することは不可能ではないとしても，十分なものにはならない。**各教科等と相補ってこそ**，特別活動も各教科等も，キャリア教育としての効果を遺憾なく発揮できるのである。

📖 広義のキャリア教育，狭義のキャリア教育

では，なぜ特別活動は，キャリア教育の「要」になりうるのか。

このことを理解するためには，学校の教育課程におけるキャリア教育を「広義」と「狭義」に分けて考えてみることが役に立つ。

「**広義のキャリア教育**」とは，学校におけるさまざまな教育活動のうち，**結果として（間接的に）キャリア教育としての効果も併せ持つ**活動のことを指す。

例えば，国語の授業は，当然のこととして，国語という教科の目標や単元のねらいに沿って展開される。しかし，そうやって実施された国語の授業が，**結果として，子どもたちにキャリア教育で身につけさせたい意識や能力，視野の形成につながる**ということも，十分に想定できる。あるいは，特別活動としての委員会活動は，それぞれの委員会の目的に即して行われ，決してキャリア教育としての効果をねらって組まれるわけではない。しかし，そうした委員会活動を通じて，**子どもたちが育む意識や態度，能力などが，結果としては，キャリア教育としてのねらいにもかなう**ということは十分に想定できるだろう。

「広義のキャリア教育」とは，こうした意味で，学校における教育活動の多くが，**間接的に**ではあれ，キャリア教育として機能していることを指す。日本の学校は，教育課程全体の至るところに「広義のキャリア教育」を散りばめていると言ってもよい。

これに対して，「**狭義のキャリア教育**」とは，**直接的にキャリア教育としての効果を発揮することを目的として組まれた**教育活動のことである。通常，そうした活動を組むことができるのは，特別活動においてである。だからこそ，特別活動は，学校が取り組むキャリア教育の「要」に位置づく。ただし，もっと重要なのは，「**広義**」と「**狭義**」のキャリア教育の相補的な関係性である。

先の「扇」の喩えのように，「**狭義のキャリア教育**」だけでは，**キャリア教育として十分であるとは言えない**。学校が日頃から「広義のキャリア教育」に取り組んでいればこそ，子どもたちは日常的に獲得してきたキャリア

に関連する意識や能力，見方・考え方などを，「狭義のキャリア教育」を通じてあらためて自覚したり，つかみ直したり，関連づけたりしつつ，自分のものとして内在化できるのである。

　これまた比喩的な表現になるが，「広義のキャリア教育」が種を蒔いているからこそ，「狭義のキャリア教育」は，それを豊かに実らせることができると言うこともできよう。

📖 特別活動におけるキャリア教育

　さて，現行の学習指導要領では，特別活動における**「学級活動」**（高等学校学習指導要領では**「ホームルーム活動」**）の内容の1つに**「一人一人のキャリア形成と自己実現」**が掲げられて，キャリア教育との関係が明示された。これは，特別活動そのものの「目標」のなかに，以下のようなねらいが定められていることを受けたものである。

> 　自主的，実践的な集団活動を通して身に付けたことを生かして，主体的に集団や社会に参画し，生活及び人間関係をよりよく形成するとともに，人間としての生き方についての自覚を深め，自己実現を図ろうとする態度を養う。　　　　　　　　　　　　　　（中学校学習指導要領）

　高等学校学習指導要領では，上記の「生き方」は「在り方生き方」になる。いずれにしても，まさに集団や社会に参画し，そこでの役割を果たしながら，自らの生き方（在り方生き方）を考え，自己実現を図っていく力を身につけることは，キャリア教育の本来の目標そのものでもある。その意味で，特別活動の目標とキャリア教育は，大きく重なっているのである。

📖 一人一人のキャリア形成と自己実現

　学習指導要領では，「一人一人のキャリア形成と自己実現」という目標を実現するための柱として，いくつかの活動が示されているが，中学校学習指

導要領では，以下のような内容になっている。

　正直に言ってしまうと，少々ごちゃごちゃとしているかもしれない。

> ア　社会生活，職業生活との接続を踏まえた主体的な学習態度の形成と学校図書館等の活用
> 　　現在及び将来の学習と自己実現とのつながりを考えたり，自主的に学習する場としての学校図書館等を活用したりしながら，学ぶことと働くことの意義を意識して学習の見通しを立て，振り返ること。
> イ　社会参画意識の醸成や勤労観・職業観の形成
> 　　社会の一員としての自覚や責任をもち，社会生活を営む上で必要なマナーやルール，働くことや社会に貢献することについて考えて行動すること。
> ウ　主体的な進路の選択と将来設計
> 　　目標をもって，生き方や進路に関する適切な情報を収集・整理し，自己の個性や興味・関心と照らして考えること。
>
> （中学校学習指導要領）

　そして，中学校版と高校版の学習指導要領を比較すると，高校版においては，以下のように「学校生活と**社会的・職業的自立の意義**の理解」が独立した項目になっており，中学校版とは構成が異なる。

> ア　学校生活と社会的・職業的自立の意義の理解
> 　　現在及び将来の生活や学習と自己実現とのつながりを考えたり，社会的・職業的自立の意義を意識したりしながら，学習の見通しを立て，振り返ること。
> イ　主体的な学習態度の確立と学校図書館等の活用
> 　　自主的に学習する場としての学校図書館等を活用し，自分にふさわしい学習方法や学習習慣を身に付けること。
> ウ　社会参画意識の醸成や勤労観・職業観の形成
> 　　社会の一員としての自覚や責任をもち，社会生活を営む上で必要な

マナーやルール，働くことや社会に貢献することについて考えて行動
すること。
エ　主体的な進路の選択決定と将来設計
　　適性やキャリア形成などを踏まえた教科・科目を選択することなど
について，目標をもって，在り方生き方や進路に関する適切な情報を
収集・整理し，自己の個性や興味・関心と照らして考えること。

(高等学校学習指導要領)

　しかし，中学校版と高校版で基本的な趣旨や内容が異なるわけではない。
高校は，生徒が社会に移行していく直前の準備段階であるということを踏ま
えた表現になっていると考えることができるだろう。
　総じて言えば，特別活動におけるキャリア教育は，子どもたちの**発達段階
を踏まえ**つつ，

①主体的な学習態度の形成
②社会生活や職業生活への見通しの獲得
③社会参画の意識の醸成
④勤労観・職業観の育成
⑤主体的な将来設計

といった内容を柱として，「一人一人のキャリア形成と自己実現」をめざす
ものである。盛り込まれているのは，言ってみれば，キャリア教育としての
「王道」の内容である。
　もちろん，先に**「狭義」**と**「広義」のキャリア教育の連関**について述べた
ように，特別活動におけるキャリア教育は，**それ単独で以上のようなねらい**
を持つ活動に取り組むだけでは十分ではない。そうした活動は，学校の教育
活動全体における**「広義のキャリア教育」**とのかかわりを意識して展開され
る必要がある。上記①〜⑤をねらいとする活動は，「広義のキャリア教育」
を通じて子どもたちが得たこと，気づいたこと，刺激を受けたこと等を**内在
化**したり，**意識化**したりすることと重なることで，キャリア教育としての豊

かな効果を期待できるのである。

📖 新たに登場したキャリア・パスポート

さらに，現行の学習指導要領では，特別活動の「学級活動（ホームルーム活動）」にかかわる「内容の取扱い」において，子どもたちが作成する「**キャリア・パスポート**」を活用することが定められた。

キャリア・パスポートは，学習指導要領上の文言としては，「**生徒（児童）が活動を記録し蓄積する教材等**」と表現されている。しかし，今回の学習指導要領の改訂を準備した中央教育審議会（中教審）の答申[*2]においては，「キャリア・パスポート（仮称）」とされており，その後の学校現場では，文部科学省（文科省）の通知[*3]に基づいて，正式に「キャリア・パスポート」と呼ばれている。すべての小・中・高校において，2020年度から実施することが求められた。

では，キャリア・パスポートとは何なのか。文科省による説明では以下のようになっている[*4]。

> 「キャリア・パスポート」とは，児童生徒が，小学校から高等学校までのキャリア教育に関わる諸活動について……，自らの学習状況やキャリア形成を見通したり振り返ったりしながら，自身の変容や成長を自己評価できるよう工夫されたポートフォリオのことである。

キャリア・パスポートは，子どもたちにとって，自らの学習を振りかえったり，今後に向けた見通しを立てたりしながら，自己の変化や成長を確認するための材料である。それは同時に，教師にとっては，子どもたちの記述をもとに，**対話的に子どもとかかわりながら指導・支援をしていく**ための資料

---

*2　中央教育審議会　「幼稚園，小学校，中学校，高等学校及び特別支援学校の学習指導要領等の改善及び必要な方策等について（答申）」　2016年
*3　文部科学省　「『キャリア・パスポート』例示資料等について（事務連絡）」　2019年
*4　文部科学省　「『キャリア・パスポート』の様式例と指導上の留意事項」　2019年

にもなる。

　また，キャリア・パスポートは，単発の取り組みではない。文字どおりの**ポートフォリオ**として，年度初め，学期の終了時，年度末など，年に4・5枚を超えない程度のシートを作成し，それらを蓄積したものを，**学年**と，さらには**学校種を超えて持ち上がる**ことが想定されている。小・中学校と持ち上がれば9年間，高校でも継続すれば12年間の変容や成長の記録になるわけである。

📖 キャリア・パスポートの様式例

　では，キャリア・パスポートには何を記入するのか。文科省は，キャリア・パスポートの様式やフォーマット等は，**各学校が自由に設定し，創意工夫して取り組むもの**であるとしている。その意味では，内容的な縛りはいっさい存在しない。

　とはいえ，これまでには存在しなかった初めての試みである。そのため，文科省は，「あくまで例示である」と断ったうえで，キャリア・パスポートの様式例を提示している。図6-1と図6-2（pp. 96-97）に掲載したのは，中学1年生の学年末に使用するシートの例である。

　一見してわかるように，キャリア・パスポートには，子どもたちが自らの学びや体験の「**振りかえり**」をすること，そして，そうした振りかえりを踏まえて，学びや自己の将来への「**見通し**」を持つことが重視されている。この「**振りかえり**」と「**見通し**」の往還を繰り返しながら，子どもたちが，自らの**生き方（在り方生き方）**を考える機会とすることがめざされているのである（キャリア・パスポートについては，トピック5も参照）。

📖 キャリア教育における特別活動の役割と課題

　見てきたように，学校が取り組むキャリア教育において，特別活動は「**要**」の位置を占め，その役割を担う。「**学級活動（ホームルーム活動）**」を中心として，特別活動においては，キャリア教育としてのねらいを直接的に

中学１年生　学年末

記入日　　　年　　月　　日

〇この１年間を振り返って

自分の気持ちや行動に一番近いところに〇をつけよう	いつもしている	時々している	あまりしていない	ほとんどしていない
① 友達や家の人の意見を聞く時、その人の考えや気持ちを受け止めようとしましたか。				
② 相手が理解しやすいように工夫しながら、自分の考えや気持ちを伝えようとしましたか。				
③ 自分から役割や仕事を見つけ、分担するなど、周りの人と力を合わせて行動しようとしましたか。				
④ 自分の興味や関心、長所や短所などについて、把握しようとしましたか。				
⑤ あまりやる気が起きない物事に対する時でも、自分がすべきことには取り組もうとしましたか。				
⑥ 不得意なことや苦手なことでも、自ら進んで取り組もうとしましたか。				
⑦ 分からないことやもっと知りたいことがある時、自分から進んで資料や情報を収集しましたか。				
⑧ 何かをする時、見通しをもって計画的に進めることができましたか。				
⑨ 何か問題が起きた時、次に同じような問題が起こらないようにするために、何を改善すればよいか考えましたか。				
⑩ 今学校で学んでいることと自分の将来とのつながりを考えるなど、学ぶことや働くことの意義について考えましたか。				
⑪ 自分の将来について具体的な目標を立て、その実現のための方法について考えましたか。				
⑫ 自分の将来の目標に向かって、生活や勉強の仕方を工夫するなど、努力しましたか。				

〇この１年間を振り返って、頑張ったこと（成長できたと思うこと）とその理由

学習面で	➡	なぜ
生活面で	➡	なぜ
家庭や地域で	➡	なぜ
その他（習い事・資格取得）などで	➡	なぜ

図6-1　キャリア・パスポートの様式例①（中学１年生・学年末）

○なりたい自分になるために身についたと思う力と、その理由

身についたと思う力	理由

○２年生になる自分への応援メッセージ

○卒業する時の自分（15歳の私）を想像しよう

卒業するときに、どんな自分になっていたいか

15歳のあなたが選んでいる道（進路・将来の夢・職業など）

そう思った理由やきっかけ

15歳でなりたい自分に近づくために、今、頑張りたいこと

先生からのメッセージ	保護者などからのメッセージ

メッセージを読んで気付いたこと、考えたこと

図 6-2　キャリア・パスポートの様式例②（中学１年生・学年末）

実現しようとする「**狭義のキャリア教育**」の活動を組むことができる。また，今回の学習指導要領において新たに導入された「**キャリア・パスポート**」に取り組むのも，特別活動においてである。

　こうした意味で，各学校のキャリア教育において特別活動はなくてはならないものである。ただし，注意しておくべきは，**特別活動を通じたキャリア教育**が，それ**単体の活動として閉じてしまわない**ようにすることであろう。そうしたキャリア教育は，容易に「**イベント主義**」化してしまう。つまり，キャリアに関する体験や行事，特別な学習などは，それとしては「華やかに」行われ，子どもたちに多くの刺激や気づきを与えるかもしれない。しかし，それだけに終始してしまうと，そこでの学びは，子どもたちのなかに定着しない。キャリア発達を支える力としては内在化されず，1回限りのイベントとして「消化」されてしまうのである。

　イベント主義に陥らないためには，どうしたらよいのか。キャリアの体験・行事，学習を「**やりっ放し**」にせず，そのつどの「**振りかえり**」を充実させること，そして，**特別活動におけるキャリア教育の諸活動のあいだのつながり**（関連性や順序性，発展性など）を意識して，特別活動のカリキュラムを組んでいくことであろう。さらには，「要」の説明の際に論じたように，各教科等における「**広義のキャリア教育**」**との連携や往還**が，きわめて重要である。この連携や往還があれば，子どもたちの側からも，学校におけるキャリア教育は，1回限りのイベントではなく，**学校教育の「日常」に根ざした活動**として意識されることになるだろう。

📖 第6章のポイント

1　特別活動におけるキャリア教育は，キャリア教育を直接の目的とする「狭義のキャリア教育」の役割を果たす。

2　「狭義のキャリア教育」は，学校におけるキャリア教育全体のなかで「要」の位置を占めるが，各教科等における「広義のキャリア教育」との連携・往還が必要である。

3　現行の学習指導要領においては，特別活動の内容の柱の1つに「一人

一人のキャリア形成と自己実現」が新たに設定され，また，キャリア・
パスポートの取り組みも導入された。

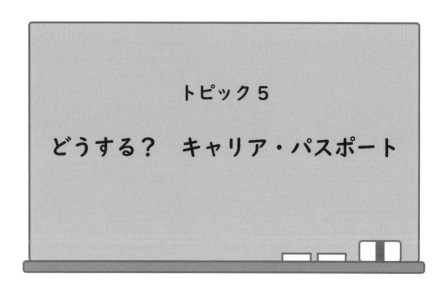

トピック５

どうする？　キャリア・パスポート

　現行の学習指導要領において，キャリア教育の一環として，新たに**キャリア・パスポート**が導入されたことは，第６章で述べたとおりである。キャリア・パスポートは，本来であれば，**2020 年度より全国の学校現場で一斉に取り組みが開始される**はずであった。

　しかし，2020 年度，全国の学校は**コロナ禍**に見舞われ，学年開始の当初に**長期にわたる休校措置**を余儀なくされた。学校の再開後も，未曾有の事態への対応に追われ，学校現場はキャリア・パスポートどころではない状況に追い込まれたと言える。結局，多くの学校がキャリア・パスポートに本格的に取り組みはじめるのは，2021 年度以降のこととなった。

　ここでは，そもそもなぜ，キャリア・パスポートが導入されたのか，学校現場はキャリア・パスポートをどう受けとめたのか，そこにはどんな問題や課題が生じたのかについて，多少なりとも深掘りをしてみたい。

📖キャリア・パスポートの導入の背景

　今回の学習指導要領の改訂において，なぜ，キャリア・パスポートが導入

されることになったのか。**「キャリア・パスポート」導入に向けた調査研究協力者会議**に配布された文部科学省（文科省）の資料[*1]によれば，それは，以下のように説明されている。

> キャリア教育は，ややもすると就業体験や進路指導といった狭いものとして捉えられがちであるが，本来，自らのキャリア形成のために必要な様々な汎用的能力を育てていくものであり，学校の教育活動全体を通して行うものである。……そのために，……学びのプロセスを記述し振り返ることができるポートフォリオ（「キャリア・パスポート」）的な教材を作成し，活用することが効果的ではないかとの提案がなされた。

　文末に「提案がなされた」とあるのは，学習指導要領の改訂を審議していた中央教育審議会（中教審）での審議のことを指しており，上記の文章は，それを文科省としてまとめたということである。

　ここで，キャリア・パスポートの導入の理由として指摘されたのは，次のようなものである。①キャリア教育は「狭いものとして捉えられがち」であるが，本来は**「学校の教育活動全体を通じて行う」**ものである。②そうだとすれば，子どもたちが「学校の教育活動全体を通じて」**何を学び，どんな気づきを得，どう成長したのか**について，それを把握し，点検する活動が必要である。③そのためには，子どもたちにとっては**自己評価のための振りかえりの資料**（教材）となり，教師にとっては**指導の手がかり**となるポートフォリオが効果的である。

　確かに，これまでもキャリア教育は，学校教育全体を通じて取り組むものとされてきた。この点は，本書でもくどいほど述べてきた。しかし，では，そうした**学校の教育活動全体を通じたキャリア教育によって，子どもたちが何を学び，どう成長したのかについて，きちんと把握する術を持っていたのか**というと，そこはどうにも心もとないところがあった。キャリア・パスポートは，こうした「弱点」を補うためのツールとなることを期待されたの

---

*1　文部科学省　『『キャリア・パスポート』導入に向けた協力者会議について』　2018年

である。

　加えて言えば，現行の学習指導要領においては，特別活動が，学校の教育活動全体を通じたキャリア教育の「要」となることが規定された。そのため，キャリア・パスポートには，**特別活動がキャリア教育の「要」として機能するとはどういうことなのかを具体的に示す**役割が与えられたと見ることもできるだろう。

📖「やりっ放し」から「振りかえりと見通し」へ

　こう考えると，キャリア・パスポートが，年度初め，学期の終了時，年度末など，**年に4・5枚を超えない程度で作成する**とされていることの意味も見えてくる。

　従来，各学校におけるキャリア教育への取り組みにおいても，**キャリア教育のための行事・体験，**特別の学習などが実施された際には，それをただ「やりっ放し」にしてきたわけでは必ずしもない。学校によって取り組み方には違いがあるだろうが，ゲスト講師や訪問・体験先にお礼状を書く，感想文をまとめる，振りかえりシートに記入するといった仕方で，**それぞれのイベントごとの振りかえり**には取り組んできたはずである。

　しかし，これらは，言ってしまえば，単体のイベントごとの振りかえりにとどまり，「点」として存在してきたのではないか。本来，求められるのは，これらの「点」が，他の取り組みの振りかえりとも合わさって，「線」になり「面」になっていくことである。これまでのキャリア教育の取り組みが，こうした「点」から「線」や「面」へのつながりを十分に意識したうえで展開できていなかったとすれば，それはやはり，**学校教育全体を通じて取り組むキャリア教育としては，「やりっ放し」**と言わざるをえないところがあった。

　キャリア・パスポートは，キャリア教育のイベントごとの振りかえりではなく，**学期や年度といった長期的なタイムスパンにおいて，イベント等の「狭義のキャリア教育」と各教科等を通じた「広義のキャリア教育」が連携・協働した**先に何が実現できたのかという全体像，学校教育全体としての

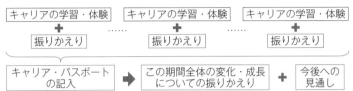

図 T5-1　キャリア・パスポートのねらい

キャリア教育の成果をトータルに振りかえることができるものである。子どもたちは，そうした学校教育全体を通じたキャリア教育の成果のなかでの，**自らの変化や成長**を実感し，そのことを踏まえて**今後への見通し**を立てるのである。

　長期的な時間軸に立った振りかえりの営みは，これまでのキャリア教育においては，十分に意識され，追求されてはこなかった課題である。その課題の克服をめざしたのが，端的に，キャリア・パスポートの導入のねらいであると言えるだろう（図 T5-1 を参照）。

📖 学校現場の受けとめ方

　それでは，学校現場は，新たな取り組みとしてのキャリア・パスポートをどう受けとめたのだろうか。**開始時期がコロナ禍の到来と重なってしまった**という「不運」は，もちろんある。しかし，そのことを差し置いても，キャリア・パスポートの導入を大歓迎したような現場を見つけるのは，率直に言ってしまうと，きわめて難しい。その理由は，すぐにも思い当たる。

　第 1 に，**キャリア・パスポートの導入という施策の是非以前の問題**として，**学校現場は多忙化を極めている**。しかも，新教育課程への移行の時期である。小・中・高校によって事情の違いはあるとはいえ，どの学校も，**新教**

科・科目への対応に追われ，「**主体的・対話的で深い学び**」の実現の方途を模索し，「**資質・能力**」の３つの柱をどう育て，それに基づく「**観点別評価**」をどうするか，「**カリキュラム・マネジメント**」をどう実施するのかといった課題に追われていた。

　学校の教育課程のど真ん中に位置づくこうした課題との関係で，キャリア・パスポートへの取り組みが，ある意味で「後回し」にされたとしても，それはそれで理解できないことではない。

　第２に，学校現場の多忙化や他に優先順位の高い課題が山積していたといったことは別にしても，そもそも**学校現場の教師たちは，キャリア・パスポートについて正しく理解し，その意図やねらいを正確に認識していたのか**と言えば，実はあやしい。多くの教師は，「よくわからないけれども，またまた，上から取り組みが降ってきた」といった感覚で受けとめたのではなかったか。まさしく，キャリア教育がそうであったように，である。

　第３に，ともかくもキャリア・パスポートに取り組もうとした学校においても，では実際に，**どんな様式（シート）を作成し，どう取り組めばよいのか**については，かなりの戸惑いや，場合によっては「混乱」も生じたのではないか。

　子どもたちに，学校が設定した「様式」に記入させること自体が，実はそれなりの時間や労力をかけた**教育的な指導**を必要とすることである。さらに，子どもたちが記入した内容に対し，教師が**一人一人にどうフィードバックをするのか**は，学級内の教師１人対生徒40人弱という条件を考えれば，きわめて難題でもあるだろう。つまり，学校や教師の側にその気はあったとしても，キャリア・パスポートへの取り組みを実際に実行するには，かなりのハードルが待ち構えていたのである。

📖 キャリア・パスポートをどうする？

　述べてきたような理由で，学校現場が，新たに導入されたキャリア・パスポートに必ずしも積極的になれなかったとしても，その理由は理解できなくはない。ただし，すでに述べたように，**キャリア・パスポートは，これまで**

の日本のキャリア教育において不十分であった点や弱点を補う可能性を秘めたものである。

　そうであれば，**それに取り組まないという選択肢はない**。教育政策や行政には条件面での改善や整備を望みたいが，そのうえで重要なのは，キャリア・パスポートへの取り組みをどう進めていくかである。その際に留意すべき点について，最後に指摘しておきたい。

　第1に，**キャリア・パスポートのねらいと意義を，教師集団のあいだで共有しておくことが必要**である。何のためにキャリア・パスポートに取り組むのか，どのように取り組み，どう活用するのか。こうした点について，教師間での共有がなされずに，バラバラにキャリア・パスポートに取り組むのでは，取り組みの成果は期待しにくいし，学級ごとにばらつきが出てしまう。

　また，キャリア・パスポートを有効に活用するためには，**シートの記入とその事前・事後の指導**をしっかりと行うことだけで事足りるわけではない。むしろ，**学校の教育活動全体を通じたキャリア教育への取り組みが，着実に実施されていなければ，子どもたちはシートの記入を通じて，自らの変化や成長を実感できたりはしない**。この点も，教師間でしっかりと共有しておくべきことである。

　第2に，**なぜキャリア・パスポートに取り組むのかについて，子どもたちに十分に説明し，理解を得ておく必要**もある。この点を欠いたままで取り組んだキャリア・パスポートは，子どもたちからすれば，目的も意義もわからないままにただ「やらされる」だけの作業になる。それでは，キャリア・パスポートの所期の目的を果たせるとは考えにくい。

　第3に，**キャリア・パスポートは，子どもたちを管理する道具でも，評価するツールでもない**ということを十分に認識すべきである。そうなってしまうと，子どもたちは，**教師の目線や評価を気にして**，本当のことを書かなくなることも想像される。キャリア・パスポートの基本は，**子どもたち自身による自己理解であり，自己評価**である。そこに，学校や教師の側の判断に基づく，「よい・悪い」「望ましい・望ましくない」等を持ち込むべきではない。記入後のやり取りや指導の際に，他の子どもとの比較をしたりすることも禁じ手である。

　第4に，これまでの**学習や体験を振りかえって，今後に向けた見通しを立てる**ことは，確かにキャリア・パスポートのねらいの1つである。しかし，杓子定規に，目標を立てることにこだわりすぎたり，一定期間後にねらいが実現できたかどうかをチェックしたりして，あたかも「**目標管理制度**[*2]」のようにキャリア・パスポートを使うことも慎むべきであろう。

　キャリア・パスポートは，評価の道具ではなく，子どもたち自身が，自らの学びや体験を振りかえって，「**がんばった自分**」「**まんざらでもない自分**」を認める機会（**自己肯定感**を高められるきっかけ）となることこそが望ましい。

📖 補　論

　高校の場合には，キャリア・パスポートと表面的にはよく似たものに，**Japan e-Portfolio** が存在していた（2016〜20年度）。高校生が自らの学習状況や体験活動などの記録や振りかえりを記入・管理し，サイト上にデジタルデータとして蓄積していくものであり，それを大学入試において活用する（受験生が大学に提出する**調査書**に反映できるようにする）ことがめざされていた。

　Japan e-Portfolio は，大学入試において生徒の「**主体性を持って多様な人々と協働して学ぶ態度**」を評価するためのツールとして研究・開発されたものであり，当初は文科省の委託事業として，その後は，非営利組織に運営許可が出されるかたちで継続していた。しかし，2020年には，利用する大学数の伸び悩みや財政上の理由から運営許可が取り消され，事業停止に至った。

　Japan e-Portfolio には，教育産業の大手企業によるポートフォリオが連動していたこともあり，同社のポートフォリオは，高校現場にかなりの勢いで普及していた。その意味では，キャリア・パスポートが導入された際，両者が混同されることも危惧された。確かに，生徒が自らの学習や体験の振りか

---

*2　社員一人一人に個人目標を決めさせ，その進捗や達成度によって人事評価を行う人事管理の方法。1990年代以降，日本企業にも導入されはじめた。

えりを行う点は共通するが, あくまで入試における評価のためのツールである Japan e-Portfolio と,「教育活動」として取り組まれるキャリア・パスポートとの本質的な違いには十分に注意しなくてはいけない。

第7章

教科でキャリア教育に取り組む

　現行の学習指導要領では，すでに何度も述べたが，総則において「**特別活動を要としつつ各教科（・科目）等の特質に応じて，キャリア教育の充実を図ること**」という規定が置かれている。このうち，特別活動を通じたキャリア教育への取り組みについては，第6章で考察した。この章では，「各教科（・科目）等の特質に応じて」と規定された，**教科等におけるキャリア教育への取り組み**について見ていく。

　これまでの学校現場においては，ある種のタテマエとしては，「**キャリア教育は，学校教育全体で行うもの**」という認識が存在していたかももしれない。しかし，第2章でも触れたが，現場の教師たちの本音としては，「**キャリア教育は，特別活動や総合的な学習（探究）の時間に実施されるもの**」であると固く信じられてきたのではないか。つまり，教科教育とキャリア教育は，基本的には無関係である，と。そして，そうだとすれば，教科等におけるキャリア教育の充実を規定した現行の学習指導要領には，少なくない学校現場の教師たちが驚き，戸惑いを覚えたのではなかろうか。

　このあたりの事情も含め，以下では，**教科等でキャリア教育に取り組む**とはどういうことなのか，その意義はどこにあるのか，取り組みの際に留意す

べきことは何かといった点について述べていきたい。

📖「各教科（・科目）等の特質に応じて」とは？

　まずは，基本的な事項の確認であるが，学習指導要領が定める「各教科（・科目）等」とは何か。現行の学習指導要領においては，**学校の教育課程**は，以下のように構成されている。

　①教科（小・中・高校）
　②科目（高校）
　③特別の教科　道徳（小・中学校）
　④総合的な学習の時間（小・中学校）
　　総合的な探究の時間（高校）
　⑤特別活動（小・中・高校）

　このうち，⑤の特別活動以外の①〜④の教育活動が，ここでいう「**各教科（・科目）等**」に当たる。

　「そんなこと，言われなくてもわかっている」と思われるかもしれない。そうなのだが，ただ，注意しておきたいのは，**キャリア教育に取り組むという観点から見た場合**，学習指導要領は，①〜④の「各教科（・科目）等」と⑤の「特別活動」のあいだに，明確な境界を引いているという点である。では，なぜ，両者は区別されるのか。

　端的に言えば，教科等ではできないことであるが，特別活動においてのみ，直接的にキャリア教育を目的とした教育活動に取り組めるからである。このことは，第6章で説明した「**狭義のキャリア教育**」と「**広義のキャリア教育**」の区別に対応している。特別活動においては，**直接的に**キャリア教育としての効果をねらいとする活動（＝狭義のキャリア教育）に取り組むことができる。他方，教科等においては，教科等のそれぞれの目標やねらいに沿った教育活動を行うことが基本である。しかし，そうした活動の展開を通じて，その活動が，**間接的には**キャリア教育としての効果を発揮することも

期待できる（＝広義のキャリア教育）のである。

　こう考えると，学習指導要領の規定において，「各教科（・科目）等」における キャリア教育の取り組みには，なぜ「～の**特質に応じて**」という条件づけがなされているのかも腑に落ちるだろう。教科等におけるキャリア教育は，あくまで間接的に追求されるものであって，**それぞれの教科等の目標やねらいに沿った活動のなかでこそ，その充実がめざされる**からである。教科等のねらいに即した活動であるがゆえに，結果としては，それぞれの特質に応じたキャリア教育上の効果が現れるということである。

　念のために，もう少しだけ具体的に言えば，例えば国語の授業では，50分の授業時間のうち5分間だけは，教材をキャリア教育的に解釈した授業を行うといった戯画的なことを，学習指導要領が求めていたりはしない。そうではなく，国語の授業である以上は，50分の授業時間は，徹頭徹尾，**国語教育の目標とそれぞれの単元のねらいに沿って**行われるべきである。しかし，そうした国語の授業を通じてこそ，文字どおりに国語という教科の特質に応じた，キャリア教育として効果が発揮されうるということなのである。

📖「総合的な学習（探究）の時間」とキャリア教育

　「各教科（・科目）等」は，以上のような意味で「広義のキャリア教育」への取り組みがなされる場として理解される必要がある。しかし，教科（科目）や道徳はともかくとして，「総合的な学習（探究）の時間」については，そうした理解でよいのかと思われる読者もいるかもしれない。というのも，**学校現場におけるこれまでの取り組みにおいては，「総合的な学習（探究）の時間」において，キャリア教育としての直接的なねらいを持った学習や体験，つまりは「狭義のキャリア教育」への取り組みが行われることも少なくなかった**と思われるからである。

　この点をどう考えればよいだろうか。

　単純に考えれば，これまで，**キャリアについての学習や体験が「総合的な学習（探究）の時間」の目標やねらいと重なる**場合には，この時間内で「狭義のキャリア教育」がなされたということであろう。その意味では，「総合

的な学習（探究）の時間」の原則を損ねてまで，キャリア教育が無理やりに実施されていたわけではない。ちなみに，現行の学習指導要領では，「総合的な学習の時間」「総合的な探究の時間」の目標は，それぞれ以下のように規定されている。

> 探究的な見方・考え方を働かせ，横断的・総合的な学習を行うことを通して，よりよく課題を解決し，自己の生き方を考えていくための資質・能力を……育成することを目指す。　　　　（中学校学習指導要領）

> 探究の見方・考え方を働かせ，横断的・総合的な学習を行うことを通して，自己の在り方生き方を考えながら，よりよく課題を発見し解決していくための資質・能力を……育成することを目指す。
> 　　　　　　　　　　　　　　　　　　　　（高等学校学習指導要領）

　中学版，高校版のどちらの学習指導要領にも**「自己の生き方（在り方生き方）を考え」**とあるように，**「総合的な学習（探究）の時間」とキャリア教育との親和性の高さ**は明らかであろう。それゆえ，この時間においては，少なくとも「広義のキャリア教育」への取り組みを充実させることが期待できるのは明らかであろう。

　のみならず，「狭義のキャリア教育」の取り組みについても，それが，「探究的な（探究の）見方・考え方」を働かせ，「横断的・総合的な学習」に取り組むものになるのであれば，この時間において実施することが可能になる。そうした場合には，「狭義のキャリア教育」の活動であっても，そのねらいと，「総合的な学習（探究）の時間」の目標は完全に合致するからである。

　ただし，そうしたケースは，それほど多くはないと想定される。だからこそ，それらを例外的なケースとしたうえで，現行の学習指導要領は，**キャリア教育の「要」として「狭義のキャリア教育」を直接的に行うのは，特別活動においてであると明確に規定し，「総合的な学習（探究）の時間」は，教科や道徳とともに，間接的に「広義のキャリア教育」を担う時間であると整**

理したと考えることができよう。

📖 教科におけるキャリア教育にどう取り組むか

　さて，「各教科（・科目）等」とキャリア教育の関係について，以上のような枠組みは理解できたとしよう。ただ，そうだとしても，そもそも「教科を通じてキャリア教育に取り組み，その充実を図る」とは，どういうことなのか，どうしたらよいのか，と戸惑いを禁じえない読者も少なくないであろう。その事情は，おそらく現職の教師であっても変わらないのではないか。なぜなら，先にも指摘したが，**多くの教師たちはこれまで，「キャリア教育は，教科教育とは無関係である」**と考えてきたはずだからである。

　では，教科教育においてキャリア教育に取り組むには，実際にはどうすればよいのか。もちろん，**「間接的に」**あるいは**「結果として」**キャリア教育としての効果を持つ「広義のキャリア教育」が期待されるわけなので，端的に言ってしまえば，教科教育としてのまっとうな授業を行えばいい。ただ，そうした意味で，**各教科の目標や各単元のねらいに沿った授業を展開しつつも，それが，どこで，どのように「広義のキャリア教育」になっていくのか**については，教える側としても意識できていたほうがよいということはある。

　大胆に整理すれば，各教科における教育が「広義のキャリア教育」としての効果を発揮していく道筋には，主として3つのルートを想定することができるだろう。

📖「主体的な学び」を通じて

　教科教育が「広義のキャリア教育」になっていく第1のルートは，各教科における学びが，文字どおりの**「主体的な学び」**となることを通じてである。

　現行の学習指導要領は，すべての教科等における学習を通じて，図7-1に示されたような3つの**「資質・能力」**を育てることを目標としている。

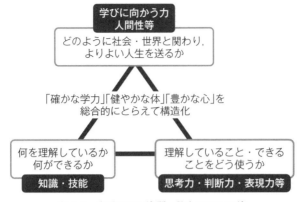

図7-1　育成すべき資質・能力の3つの柱

　育成すべき資質・能力の1つめは，教科等の内容に即して「**知識・技能**」を獲得することであり，2つめは，そうして獲得した知識・技能を活用できるための「**思考力・判断力・表現力等**」を身につけることである。そして，3つめは，教科等で学んだことと社会とのかかわりを見つけ，自らの生き方にも生かそうとする「**学びに向かう力・人間性等**」である。

　教科等を学ぶ以上，知識・技能を**習得**することは重要であり，学習の基本に位置づく。しかし，せっかく獲得した知識・技能は，**活用**されなくては意味がない。そのために必要となるのが，思考力・判断力・表現力等である。そのうえで，では，知識・技能を習得して，それを活用できるようになれば，十分なのか。

　──いや，そこには，欠けていることがある。端的に，子どもたちは，**何のために**知識・技能を習得して，活用しようとするのか。それこそが，学びを社会や人生に生かそうとする「学びに向かう力・人間性等」なのである。

　こうした3つの資質・能力は，2007年の学校教育法の改正で規定された「**学力の3要素**[*1]」を土台とし，その後，文科省による行政用語では「**習得・活用・探究**」と呼ばれてきたものを踏まえている。ただし，そのうちの3つめの能力については，**子どもたちの生き方との関連**をより重視して，発展的

[*1]　学校教育法の第30条第2項。「基礎的な知識及び技能」「思考力，判断力，表現力その他の能力」「主体的に学習に取り組む態度」のこと。

に「学びに向かう力・人間性等」と定義されたと考えることができる。

　そう考えれば，現行の学習指導要領のもとでは，教科教育においても，3つの資質・能力を育てるという目標に沿った**「主体的な学び」**を実現することができれば，それはそのまま，子どもたちに**学びと社会との関係，学びと自己の生き方（キャリア形成）との関係**を考えさせることになる。つまりは，「広義のキャリア教育」に資することが期待できるのである。

📖 教科で学ぶ「内容」を通じて

　教科教育が「広義のキャリア教育」につながる第2のルートは，各教科で学ぶ**「内容（コンテンツ）」**を通じてである。

　これは，教科に応じて濃淡は存在するが，各教科で学ぶ内容や対象のなかには，**キャリア教育の教材としてもふさわしい内容**が随所に散りばめられている。

　わかりやすいところでは，**社会科（公民科）**で，産業や経済活動，個人の職業選択，労働法（ワークルール）や労働者の権利などについて，**家庭科**で，ライフステージや生活設計，家計，保険などについて学ぶ場面を想起すればよい。これらの内容は，もちろん社会科（公民科）や家庭科としての**教科（科目）の目標**やそれぞれの**単元のねらい**に即して学ばれる。その意味では，直接的な「狭義のキャリア教育」ではない。しかし，そうした学習は，実質的にはキャリア教育の内容・目標と重なったり，キャリア教育としての効果も期待できる（＝「広義のキャリア教育」）のである。

　さらに，社会科（公民科）や家庭科ほどのかかわりは見えにくくても，**国語科**において，評論文や小説を読む際に，人の生き方を考えさせられるような題材に出会うこともあるだろう。音楽科や美術科の授業においても，作詞家・作曲家や作品の制作者の生きざまに触れるような機会があるかもしれない。

　学校の教育課程には，言うなれば，**人類の知的遺産のエッセンス**が詰まっている。発想を柔軟にすれば，そこには，さまざまな側面から，子どもたちが自らの生き方を考えたり，そのための社会理解や自己理解を深めるための

教材が豊かに存在していると言える。

📖 子どもたちが身につける「能力」を通じて

さらに，教科等での学びを通じて，子どもたちがどんな能力を身につけるのかに着目すれば，教科教育が「広義のキャリア教育」となる第3のルートが見えてくる。

第4章でも登場し，トピック8でも後述するが，図7-2は，キャリア教育において子どもたちに身につけさせたいと提案されている諸能力である[*2]。

「社会的・職業的自立」に必要な諸能力が想定されているため，学校教育全体を通じて育成する**「基礎的・基本的な知識・技能」**から，社会に漕ぎ出ていく際に求められる**「専門的な知識・技能」**までの幅広い能力が掲げられている。このうち，**「基礎的・汎用的能力」**とされる4つの能力，「人間関係形成・社会形成能力」から「キャリアプランニング能力」までが，とりわけキャリア教育において育成をめざすべきものとされている。

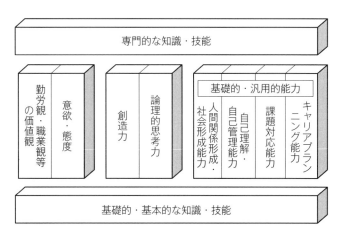

図7-2 「社会的・職業的自立，社会・職業への円滑な移行に必要な力」の要素

[*2] 中央教育審議会 「今後の学校におけるキャリア教育・職業教育の在り方について（答申）」 2011年

　以上の点を念頭において考えれば，教科教育においては，それぞれの教科等の内容を通じてだけではなく，教科内容の**学び方（学習方法）**を通じても，子どもたちが「基礎的・汎用的能力」を獲得していくことにつながる契機が豊富に存在していることがわかる。

　現行の学習指導要領がめざすのは，「**主体的・対話的で深い学び**」である。このねらいに沿って，各教科において，学習集団のなかでの共同的・協同的な学習（「**協働的な学び**[*3]」）が展開されれば，それは，学習場面を通じた「人間関係形成・社会形成能力」の育成に資するはずである。

　同様に，「総合的な学習（探究）の時間」はもちろん，各教科等においても，探究や探究的な学びに力を注ぐことは，現行の学習指導要領の眼目である。そうであれば，そうした探究学習は，子どもたちが「課題対応能力」を身につけることにもつながるだろう。

　あるいは，教科等の学びにおいては，子どもたちはさまざまな学習方略を用いて，学習に臨んでいる。それは，ある意味では「自己理解・自己管理能力」の育成にもつながるのではなかろうか。

📖 キャリア教育を日常化する

　見てきたような意味で，教科等においてキャリア教育に取り組むとは，**キャリア教育の機能を学校の教育課程の内部に「日常化」する**ことを意味している。キャリア教育としての直接的なねらいを持った活動を展開するわけではないが，そうであるがゆえに，学校の日常に根ざして，地道な教育効果を上げていくことも期待できるのである。

　第6章では，特別活動を通じたキャリア教育について説明し，「要」としての重要な取り組みではあるが，それが「**イベント主義**」化してしまう危惧についても指摘した。そうならないためには，学校の教育課程の日常におけるキャリア教育との往還が必要である点についても述べた。こうした意味

[*3]　この用語は，正確には，現行の学習指導要領ではなく，中央教育審議会の「『令和の日本型学校教育』の構築を目指して──全ての子供たちの可能性を引き出す，個別最適な学びと，協働的な学びの実現（答申）」（2021年）による。

で，**特別活動を通じたキャリア教育と教科等におけるキャリア教育は，まさに学校教育においてキャリア教育を進めていく車の両輪**にほかならないのである。

📖 第7章のポイント

1️⃣　教科等におけるキャリア教育とは，キャリア教育としての効果を間接的にもたらす「広義のキャリア教育」に取り組むことである。

2️⃣　「広義のキャリア教育」は，現行学習指導要領に沿った「主体的な学び」を追求すること，教科で学ぶ「内容」とキャリア教育との関連を意識すること，教科の学習を通じて，キャリア教育で求められる「基礎的・汎用的能力」を育成すること，を通じて取り組まれる。

3️⃣　教科を通じてキャリア教育に取り組むとは，キャリア教育の営みを「日常化」することであり，それは，特別活動とならんで，キャリア教育を推進していく車の両輪である。

第8章

学校教育全体を通じたキャリア教育

　学習指導要領の話ばかりが続いたので，少々飽きてきただろうか。しかし，大事なところなので，もう少しだけお付きあい願いたい。

　第6章および第7章では，現行の学習指導要領が，特別活動および各教科（・科目）等において，「キャリア教育の充実を図ること」を定めていることを述べた。要は，**学校教育全体を通じたキャリア教育の推進**が求められているのであるが，では，あらためて問えば，学校教育全体でキャリア教育に取り組むとは，そもそもどういうことなのだろうか。

　この章では，この点について掘り下げて考えてみたい。

📖 学校の教育課程全体を通じたキャリア教育

　学校教育全体でキャリア教育に取り組むとは，文字どおりに解釈すれば，**教科，特別の教科 道徳，総合的な学習（探究）の時間，特別活動**のあらゆる領域において，「広義」ないし「狭義」のキャリア教育に取り組むことを意味するだろう。つまり，すべての領域において，それぞれの教育活動の特質に応じてキャリア教育としての効果を見込める「間接的」なキャリア教育

と，キャリア教育としてのねらいを「直接的」に見込んだキャリア教育に取り組むということである。

　しかし，実はそれだけでは足りない。キャリア教育の成立期に出された調査研究協力者会議の報告書[*1]（2004 年）の言葉を借りれば，以下のようになる。

> キャリア教育は，関連する様々な取組が各学校の教育課程に適切に位置付けられ，計画性と系統性を持って展開されてこそそのねらいが実現される。

　つまり，学校教育のあらゆる領域において，さまざまな取り組みがなされたとしても，それだけでは十分ではない。そうした取り組みが，**教育課程に適切に位置づけられ，計画性や系統性を持って展開される**ことが求められるのである。

　なぜか。——それは，進路指導を中心として，これまで学校で取り組まれてきた実践では，「系統的な指導・援助といった意識や観点が希薄」であり，それぞれの取り組み間に「脈絡や関連性」が乏しく，「多様な活動の寄せ集め」になってしまいがちであったためである。それゆえに，そうした取り組みは，「生徒の内面の変容や能力・態度の向上等に十分結びついていかないきらいがあった」からであるとされた。

　そして，こうした問題点を避けるためには，報告書では以下のことが求められたのである。

> 各学校が，キャリア発達の支援という視点から自校の教育課程の在り方を点検し改善していくことが極めて重要である。その際，各領域・分野の関連する活動を再検討し，それぞれのねらいや内容等を踏まえつつ相互の有機的な関連付けを図り，子どもたちのキャリア発達を支援する体系的なものとなるよう構成し，それを円滑に遂行できるようにするこ

[*1]　キャリア教育の推進に関する総合的調査研究協力者会議　「報告書——児童生徒一人一人の勤労観，職業観を育てるために」　2004 年

■　とが大切である。

　少々，小難しい。しかし，要するに，キャリア教育へのさまざまな取り組みを**有機的に関連づける**ことが必要だということである。そして，その際の関連づけの視点・観点は，子どもたちの**キャリア発達の支援をどう体系的に，計画性や系統性を持って保障するか**という点に置かれるのである。

📖 学校におけるキャリア教育の全体計画

　このことは，実は本書がすでに述べてきたことと重なる。第6章で特別活動における「狭義のキャリア教育」，第7章で各教科等における「広義のキャリア教育」のあり方や進め方について述べたが，そこでは，「狭義のキャリア教育」と「広義のキャリア教育」をバラバラに展開するのではなく，両者が**有機的に往還・連携して機能する**ように留意する必要があると論じていたはずである。報告書が指摘したのは，まさにこの点である。

　では，教育課程の随所に存在するキャリア教育の取り組み間の有機的な関連づけを図るためには，どうすればよいのか。従来の学校現場でも取り組まれてきたことであるが，①学校としての「**キャリア教育の全体計画**」，②教科等，特別の教科　道徳，総合的な学習（探究）の時間，特別活動ごとの「**年間指導計画**」，③各領域の年間指導計画の内容を横断的に一覧できる学年ごとの「**年間指導計画**」，を作成することが出発点となる。

　図8-1は，文部科学省（文科省）が発行したキャリア教育の手引き[*2]において，キャリア教育の全体計画の書式例が示された部分である。

　①それぞれの**学校の教育目標**を前提とし，**生徒の実態，保護者・地域の願い等**も踏まえて，**キャリア教育の全体目標**を定める。②そのキャリア教育の全体目標に基づいて，**生徒に育てたい能力**を明確にする（中央教育審議会の答申[*3]が提示している「**基礎的・汎用的能力**」を参照しつつ，生徒を主語に

[*2]　文部科学省　「中学校キャリア教育の手引き」　2011年

[*3]　中央教育審議会　「今後の学校におけるキャリア教育・職業教育の在り方について（答申）」　2011年

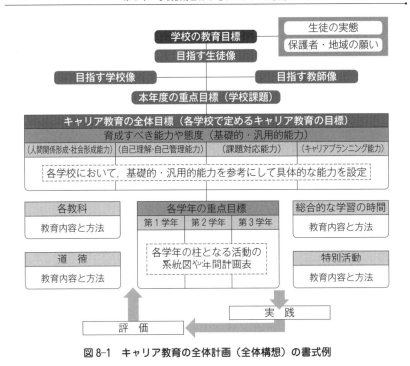

図 8-1　キャリア教育の全体計画（全体構想）の書式例

して「〜ができるようになる」といったかたちで具体的に設定する）。③そうした**能力を育てるための教育活動**を，教科等，特別の教科 道徳，総合的な学習（探究）の時間，特別活動ごとに示し，また，**学年ごとの重点目標を**設定する。——手引きには，このような構成が示されている。もちろん，あくまで例示なので，各学校がそれぞれ創意工夫すればよいが，基本的に踏まえておきたい項目は，以上のうちに網羅されている。

　「**年間指導計画**」は，こうした各学校の「キャリア教育の全体計画」に基づいて，教育活動の領域ごとに，あるいは学年ごとに，具体的な内容を記入するものである。図 8-2 として掲載したのは，同じく文科省の手引きにおいて，学年ごとの年間指導計画の例（時系列に，教育活動の各領域の指導計画を横断的に記したもの）として掲げられたものである。

　時期ごとに，教育活動の各領域におけるキャリア教育への取り組みが一望

時期	特別活動	総合的な学習の時間	道　徳	教　科
4月 5月 6月 7月	「2年生になって」 ○自己紹介 ○委員会・係決め自己及び他者の個性を理解し尊重する。 体育大会 夏休みの計画を立てよう	「職業調べⅠ」 　世の中の職業について調べる 「職業調べⅡ」 　身近な人にインタビューし働くことの意義について考え，発表する。	2-(5) 　それぞれの個性や立場を尊重する。 2-(1) 　礼儀の意義を理解し，時と場に応じた適切な言動をとる。	国語：「調べたことを発表しよう」 　社会生活の中から話題を決め，情報を集めて，スピーチや文章で発表する。 体育：「陸上競技」 　競技への取組を通してルールやマナーを守り自己の役割を果たそうとする意欲を育てる。
9月 10月 11月 12月	「2学期の目標」 ○自己の目標をもち，後期委員会，係決めを行う。 学習発表会	「職業調べⅢ」 ○職場体験に向けて，事業所の方々からの講話を聞き，体験先を決める 「職場体験Ⅰ」 ○体験活動を行う 「職場体験Ⅱ」 ○職場体験新聞を作成する ○職場体験新聞の発表を行う	3-(3) 　人間には強さや気高さがあることを信じて生きることに喜びを見いだす。 4-(5) 　勤労の尊さや意義を理解する。	理科：「磁石の性質」 　リニアモーターカーの開発等，人間の生活とのかかわりについて認識を深める。 英語：「情報を伝える」 　ペアワーク，グループワークを通して，円滑にコミュニケーションを図ろうとする態度を育てる。

図8-2　年間指導計画の例〈第2学年〉

でき，緩やかなかたちであれ，領域間の取り組みの関連性が見えてくるだろう。

📖 キャリア教育のカリキュラム・マネジメント

　キャリア教育の全体計画と年間指導計画の作成は，「学校教育全体を通じたキャリア教育」を推進していくための第一歩である。しかし，当然のことではあるが，**計画**を策定すれば，それですべてが首尾よく終わるわけではない。計画に基づいて取り組みを**実行**し，その結果を**点検・評価**する。そして，点検の結果を今後の**改善**に生かしていく，いわゆる **PDCA（計画-実行-点検-改善）のサイクル**を回していくことが求められる。

　そう考えたとき，直ちに想起されるのは，2017～18年に改訂された現行の学習指導要領において，「**カリキュラム・マネジメント**」の必要性が明確に主張されていることであろう。

「総則」には，以下のような規定がある。

> 　各学校においては，生徒や学校，地域の実態を適切に把握し，教育の目的や目標の実現に必要な教育の内容等を教科等横断的な視点で組み立てていくこと，教育課程の実施状況を評価してその改善を図っていくこと，教育課程の実施に必要な人的又は物的な体制を確保するとともにその改善を図っていくことなどを通して，教育課程に基づき組織的かつ計画的に各学校の教育活動の質の向上を図っていくこと（以下「カリキュラム・マネジメント」という。）に努めるものとする。
>
> （中学校学習指導要領，高等学校学習指導要領）

　小学校学習指導要領においては，「生徒」は「児童」になる。要点だけを取り出せば，カリキュラム・マネジメントとは，**教育課程を活用して学校の教育活動の質の向上**を図っていくことであり，そのためには，以下のような視点と方法が求められるという。

①教育内容を**教科等横断的な視点**で組み立てていく。
②**教育課程の実施状況**を適宜，**点検・評価**して，改善を図っていく。
③教育課程の実施に必要な**人的・物的な体制**を確保していく。

　確かに，教育課程の実施を，教科（科目）等，特別の教科　道徳，総合的な学習（探究）の時間，特別活動ごとに**バラバラに展開するのではなく**，相互に有機的に関連づけるために，また，教育課程の実施を**やりっ放しにしてしまうのではなく**，PDCAのサイクルを回していくために，必要な視点と方法であろう。学校教育の質の向上は，こうしたカリキュラム・マネジメントが適切になされてこそ期待できるものである。
　そして，これらの点は，キャリア教育への取り組み，学校の教育課程全体を通じたキャリア教育を実現していくうえでも，そのまま当てはまる必要事項である。カリキュラム・マネジメントが求める①教科等横断的な視点，および②点検・評価から改善へのサイクルについては，すでに述べてきたこと

と重なる。そのうえで，③人的・物的体制の確保についても，**学校教育全体を通じたキャリア教育のカリキュラム・マネジメント**を行う際には，十分に留意すべきことであろう。

　第10章，第11章で詳しく述べるが，キャリア教育への取り組みにおいては，**教員集団での連携と協働**が欠かせないが，それだけではなく，**外部との連携**も不可欠である。そうであればなおさら，人的・物的体制の確保に関して，組織的かつ計画的にカリキュラム・マネジメントを実施していくことが求められる。

📖「キャリア教育に熱心な学校」の虚実

　最後に，余談になるかもしれないが，述べておきたいことがある。

　どの地域に出かけても，教育界には**「あの学校はキャリア教育に熱心だ」**という評判を得ている学校が存在する。文科省や都道府県の教育委員会から**キャリア教育に関する研究指定**を受けた経験のある学校かもしれない。あるいは，キャリア教育についての**専門的知識を豊富に持った中心的な教師**がいる学校かもしれない。高校（とりわけ私立高校）などでは，キャリア教育に熱心であるということを，**志願者集めのためのセールス・ポイント**にしているような学校も存在している。

　そうした学校を訪問してみると，気づくことがある。誤解を恐れずに言えば，これらの学校は，特別活動や総合的な学習（探究）の時間を通じて，キャリア教育の行事（イベント）や特別企画の学習（=**「狭義のキャリア教育」**）にとりわけ熱心に取り組んでいる。そうした行事や学習に相当な時間とエネルギーを注ぎ込んでいるわけなので，確かにこれらの学校が，キャリア教育に「熱心」であることは間違いない。行事や特別企画の学習は，外から見ても目立つので，ある意味で「華」もある。

　しかし，大胆に言ってしまえば，そうした意味での**キャリア教育への熱心さ**と，その学校におけるキャリア教育が，実際上，生徒に対してどれだけの**教育的な効果を上げているのか**は，ひとまずは別の問題である。この章で述べてきたような意味で，華々しく展開される行事や特別企画の学習（=「狭

義のキャリア教育」）が，その学校の教育課程全体において，その他のキャリア教育の取り組み（＝「**広義のキャリア教育**」）とどう有機的に関連づけられているのかが決定的に重要なのである。そうした関連づけがなされていなければ，「狭義のキャリア教育」における熱心な取り組みは，容易に「**イベント主義**」化してしまう。

　こう考えれば，「学校教育全体を通じたキャリア教育」が適切に行われているかどうかは，「キャリア教育に熱心な学校」が本当の意味で「**キャリア教育で効果を上げている学校**」になるための試金石であると言えるかもしれない。

📖 第8章のポイント

- □1　「学校教育全体を通じたキャリア教育」に取り組むためには，教育活動のあらゆる領域におけるキャリア教育への取り組みを，教育課程を通じて有機的に関連づけて実施していくことが求められる。
- □2　そのためには，学校としての「キャリア教育の全体計画」，教育活動の各領域や学年ごとの「年間指導計画」を作成することが求められる。
- □3　学校教育全体で有機的にキャリア教育を実施していくためには，「カリキュラム・マネジメント」の観点が重要である。

トピック 6

職場体験，インターンシップの現状と課題

　「学校におけるキャリア教育の取り組みとして思い浮かぶものは？」と聞かれたら，キャリア教育を受けたことのある若い層の多くは，中学校における「職場体験」を挙げるのではないか。実施率の高さから考えれば，さもありなんである。同じような体験学習として，高校では「インターンシップ（就業体験）」が実施されているが，中学校の職場体験ほどの知名度ではないかもしれない。

　なぜ，そうなのか。そもそもそういうことでよいのか。ここでは，職場体験とインターンシップの現状と課題を整理しておきたい。

📖 職場体験，インターンシップ

　「そんなこと，初めて聞いた」と言われてしまうかもしれないが，厳密に言えば，「職場体験」と「インターンシップ」は，異なる概念である。

　文部科学省（文科省）が作成したガイド[*1]によれば，職場体験は，以下の

---

*1　文部科学省 「中学校職場体験ガイド」 2005 年

ように定義される。

> 　生徒が事業所などの職場で働くことを通じて，職業や仕事の実際について体験したり，働く人々と接したりする学習活動

そうした職場体験に意義については，以下のように指摘される。

> 　職場体験には，生徒が直接働く人と接することにより，また，実際的な知識や技術・技能に触れることを通して，学ぶことの意義や働くことの意義を理解し，生きることの尊さを実感させることが求められています。また，生徒が主体的に進路を選択決定する態度や意志，意欲など培うことのできる教育活動として，重要な意味を持っています。

　要するに，中学生が取り組むことを前提とする職場体験は，**「学ぶことや働くことの意義」**を実感し，自らの**「進路意識」**を成熟させていくための**「啓発的経験」**なのである。それゆえ，職場体験は，生徒が具体的な**職業的知識やスキル**を身につけることや**就業に向けた準備**をすることを目的とはしていない。あくまで，自己の将来に向けていろいろと触発されたり，刺激を受けたりすることをねらいとした体験学習なのである。

　これに対して，高校生以上が取り組むインターンシップは，文部科学省・厚生労働省・経済産業省の申し合わせ[*2]によれば，以下のように定義される。

> 　生徒や学生が在学中に自らの専攻，将来のキャリアに関連した就業体験を行うこと

　インターンシップは，高校生以上の生徒や学生が，**自らの将来設計とかかわって取り組む**，文字どおりの**就業体験**である。それゆえ，職場体験の場合には，中学生は，**自分の将来の進路希望とは無関係な職場**に行くこともあり

---

*2　文部科学省・厚生労働省・経済産業省　「インターンシップを始めとする学生のキャリア形成支援の取組の推進に当たっての基本的考え方」　初出 1997 年，最新版 2022 年

うるが，インターンシップに取り組む高校生などは，（実態がどこまでそうできているかは脇に置くが，）**自分の将来設計とかかわる職場**に行って，実際の**実務を体験する**ことが原則となる[*3]。

📖 中学校における職場体験の現状

　キャリア教育が開始された直後の 2005 年，文科省は**「キャリア・スタート・ウィーク」推進事業**を開始して，中学校のキャリア教育において，**5 日間連続の職場体験**を導入することをめざした。当初は，全国の 138 の指定地域における研究開発事業であったが，その後は，全国すべての中学校への普及を図るべく，教育委員会などを通じた指導を強めていった。

　では，その結果，中学校における職場体験は，今どんな現状になっているのだろうか。

　表 T6-1 は，国立教育政策研究所による職場体験の実施状況についての調査の結果[*4]である（コロナ禍の 2020 年度以降になると，職場体験を実施できない学校が続出するなど，イレギュラーな状態が続いたので，ここではあえて 2019 年度の結果を掲げてある）。

　一見してわかるように，**職場体験の実施率**は 98% 前後であり，きわめて高い。全国すべての中学校への普及と定着をめざした文科省の意図は，かなりの程度まで実現したことがわかる。

　ただし，職場体験の実施学年と実施期間をクロスさせた表に注目しよう。**実施学年**が 2 年生に偏っている（84%）のは，入学直後の 1 年生と受験学年である 3 年生を避けるということで，容易に理解できることである。問題は，**実施期間**である。文科省がめざしたのは 5 日間であるが，実際には，職場体験を 5 日間実施している中学校は，11.6% にすぎない。多数派は，3 日間実施（36.2%）と 2 日間実施（34.1%）である。学校側の事情としても，

[*3]　日本における「インターンシップ」概念は，これまではもっと幅広い意味で使用されてきたが，近年では，将来のキャリアとの関連や実務の体験を重視するようになってきている。採用と大学教育の未来に関する産学協議会 「2021 年度報告書――産学連携による自律的なキャリア形成の推進」 2022 年，を参照。

[*4]　国立教育政策研究所 「平成 30 年度職場体験・インターンシップ実施状況等」 2020 年

表 T6-1　職場体験の実施状況（2019 年度，括弧内は前年度）

公立中学校数	実施学校数	実施率
9,434 校（9,449 校）	9,219 校（9,319 校）	97.7%（98.6%）

学年	実　施　期　間							
	1 日	2 日	3 日	4 日	5 日	6 日以上	不明	合計
1 年生	271 校 43.9%	117 校 19.0%	223 校 36.1%	4 校 0.6%	2 校 0.3%	0 校 0.0%	——	617 校 6.7%
2 年生	743 校 9.6%	2,800 校 36.2%	2,786 校 36.0%	356 校 4.6%	1,029 校 13.3%	30 校 0.4%	——	7,744 校 84.0%
3 年生	149 校 19.2%	230 校 29.6%	332 校 42.8%	31 校 4.0%	34 校 4.4%	0 校 0.0%	——	776 校 8.4%
小計	1,163 校 (1,273 校) 12.6% (13.7%)	3,147 校 (2,967 校) 34.1% (31.8%)	3,341 校 (3,490 校) 36.2% (37.5%)	391 校 (338 校) 4.2% (3.6%)	1,065 校 (1,119 校) 11.6% (12.0%)	30 校 (23 校) 0.3% (0.2%)	82 校 (109 校) 0.9% (1.2%)	9,219 校 (9,319 校) 100.0% (100.0%)

授業や行事等の年間予定のなかで 5 日間を職場体験に当てるのはなかなか難しく，また，受け入れる事業所の側の事情としても，2 日ないし 3 日が精一杯であるといったことであろう。その意味で，十分に理解できる数字である。ただし，文科省のもともとの意図が実現しているとは言えない状況になっている。

📖 高校におけるインターンシップの現状

では，高校におけるインターンシップの実施状況は，どうだろうか。表 T6-2 は，職場体験と同じく，国立教育政策研究所によるインターンシップの実施状況の調査結果[*5]である。

インターンシップの実施率は，84.9% である。ただし，学科別に見ると，やはりばらつきがあり，高校生の 70% 以上が在籍している「普通科」に限定すると，その実施率は 80% になる。

＊5　国立教育政策研究所　「平成 30 年度職場体験・インターンシップ実施状況等」　2020 年

表 T6-2　インターンシップの実施状況（2019 年度，括弧内は前年度）

公立高等学校数	実施学校数	実施率
4,038 校（4,051 校）	3,429 校（3,436 校）	84.9%（84.8%）

	農業	工業	商業	水産	家庭	看護	情報	福祉	小計
平成 30 年度	93.8%	82.0%	85.1%	100.0%	94.6%	96.8%	71.4%	98.2%	87.6%
※	18,660	49,458	35,193	2,102	6,011	1,082	386	1,600	114,492
	(72.2)	(69.2)	(63.5)	(72.8)	(79.9)	(92.9)	(32.4)	(83.1)	(68.4)

	普通科		その他の学科		総合学科		不明		全体
平成 30 年度	80.0%		65.6%		89.2%		0.0%		81.9%
※	110,421		6,019		24,989		0		255,921
	(22.5)		(25.7)		(46.1)		(0)		(34.8)

※：在学中に 1 回でも体験した 3・4 年生数。

　とはいえ，この数字を見れば，「高校もなかなかがんばっているではないか」と思われるかもしれない。しかし，重大な留意点がある。——中学校における職場体験は，基本的には**教育課程内に位置づけれられ**，原則として全員が**必修で参加**する。これに対して，高校におけるインターンシップは，多くは夏休み期間中などに実施される**任意参加**の体験学習なのである。

　だから，調査においては，高校（学科別）の実施率だけではなく，在学中に**インターンシップを体験した生徒数（割合）**も尋ねている。そして，その結果を見ると，普通科の生徒の体験率は，22.5%にとどまっている。全員必修の中学校の職場体験は，学校レベルでの実施率が98%であれば，生徒の体験率もそれに近いと想定してよい。そう考えると，高校におけるインターンシップは，まだまだ普及しきれていないのである。

📖 職場体験，インターンシップの課題

　職場体験やインターンシップの取り組みは，日本に限らず，国際的に見ても，**キャリア教育の「代名詞」**のような存在である。そうであれば，それが，本来の期待される役割を果たしているのかどうかについては，つねに点検が必要である。そうした意味で，日本における職場体験，インターンシッ

プの課題を整理しておきたい。

　まずは，職場体験について。

　これまでの経緯としては，トップダウンの政策によって普及されたという側面が強いので，あらためて**学校が職場体験に取り組む目的やねらい**がどこにあるのかを確認し，**教員集団で共有**しておく必要があるだろう。そうした目的やねらいは，もちろん学校の**教育課程に明確に位置づけられる**必要があり，**事前指導や事後指導**の時間の確保も必須の課題である。もちろん，何度も述べたように，キャリア教育は学校教育全体を通じて取り組まれるものなので，職場体験だけが「突出」してしまっていないかどうか，**その他の「狭義のキャリア教育」や「広義のキャリア教育」と有機的に連携できているか**の点検も必要であろう。

　そうしたかたちで職場体験の位置づけを明確にしたうえで，想定している目的やねらいを実現するために，3日間程度という現状での多数の学校における**実施期間**で十分なのかどうか，受け入れ先の確保や連携・協働が十分であるのかどうかといった点についても，精査が必要になってくるだろう。

　次に，インターンシップについて。

　学校段階を超えた**キャリア教育としての系統性**を考えれば，高校におけるインターンシップの実施率（体験率）が，中学校よりも低くなるということは，実は深刻に考えなくてはいけない状況である。この点の改善を図ったうえで，中学校における職場体験と同様に，目的やねらいの明確化と教員集団での共有，教育課程への位置づけ，事前・事後指導の確保，受け入れ先との連携・協働などが課題となろう。さらに，高校の場合には，**生徒の将来のキャリアとかかわる就業体験**を実施することが，インターンシップの「本義」である。そうした，職場体験よりも高次な体験にしていくという課題に向けた創意工夫を重ねていくことも必要となるだろう。

　最後に，言わずもがなかもしれないが，キャリア教育のねらいは，ワークキャリアにだけ焦点化されるわけではない。その意味では，職場体験やインターンシップは，キャリア教育全体のなかでの「特権」的な位置を占める取り組みではない。これらは，**ライフキャリア全般への視点を有したキャリア教育の構想**のなかに，しっかりと位置づけられる必要がある。

トピック7

子どものキャリア形成にとっての
部活動

　「学校時代の経験で，いちばん記憶に残っていることは何か」と尋ねられれば，老若男女を問わず，迷うことなく「**部活動**」と答える人が多いのではないか。思い出として強く印象に残っているだけではなく，**部活動の経験が，その後の自分の考え方や人生にも大きな影響を与えた**と考える人も少なくないだろう。

　にもかかわらず，「学校教育全体を通じたキャリア教育」について考察した第8章では，そこに部活動は登場してこない。それは，なぜなのか。——端的に答えてしまえば，部活動は，実態はともかくとして，あくまで現在の法令上の（学習指導要領のうえでの）位置づけ（タテマエ）としては，学校の**教育課程の外側**で行われる**自主的な活動**として位置づけられているからである。

　ここでは，制度上の位置づけはともかく，現実的な実態に即して，子どもたちのキャリア形成に対して，部活動がいかなる影響を及ぼしているのかについて考えてみたい。

📖 部活動の制度的位置づけ

　本題に入る前に，まずは，部活動の位置づけについて確認しておく。中学校および高校の学習指導要領の「総則」では，部活動について，以下のように触れられている。

> 　生徒の自主的，自発的な参加により行われる部活動については，スポーツや文化，科学等に親しませ，学習意欲の向上や責任感，連帯感の涵養等，学校教育が目指す資質・能力の育成に資するものであり，学校教育の一環として，教育課程との関連が図られるよう留意すること。

　重要なことは，以下の3点であろう。

　第1に，部活動は，あくまで**「生徒の自主的，自発的な参加」**に基づいて行われているものであり，**教育課程外の活動**として位置づくものである。

　第2に，にもかかわらず，**部活動が育て，培う生徒の資質・能力**は，学校教育の目標と重なるものである。

　それゆえ，第3に，部活動は，教育課程外の自主的活動ではあるが，**「学校教育の一環」**であり，**「教育課程との関連が図られる」**必要がある。

　正直に言って，煮えきらない規定であり，ある種の曖昧さも残る。しかし，その**曖昧さ**こそが，現在の学校教育における部活動の固有のポジションを示しているとも言える。教育政策（行政）にとっても，学校にとっても，部活動は自主的活動であるとはいえ，その**影響力の大きさ**ゆえに，ただ放置しておくわけにはいかないのである。

　なお，戦後の教育史を遡ると，表T7-1に見られるように，何度かの変遷を経て現在のようなかたちに落ち着いている。政策的には揺れがあったが，現行の学習指導要領が，部活動を「教育課程との関連」のもとに位置づけようとする背景には，こうした歴史的経緯が存在していることにも注意しておきたい。

　また，部活動の問題を考えるに際しては，部活動の指導に当たる顧問である教師の負担の問題が，**「教師の働き方改革」**ともかかわって，大きな話題

表 T7–1　学習指導要領における部活動の位置づけ

学習指導要領	教育課程内	教育課程外
1947 年改訂	クラブ活動（任意参加）	
1951 年改訂	クラブ活動（任意参加）	
1958〜60 年改訂	クラブ活動（任意参加）	
1969〜70 年改訂	必修クラブ	部活動（任意参加）
1977〜78 年改訂	必修クラブ	部活動（任意参加）
1989 年改訂	必修クラブ	部活動（任意参加）
1998〜99 年改訂		部活動（任意参加）
2008〜09 年改訂		部活動（任意参加）
2017〜18 年改訂		部活動（任意参加）

となっている[1]。反面，顧問の教師による**体罰**等を含む強引な指導，「**勝利至上主義**」に基づく過熱した指導など，深刻に受けとめるべき課題もある。さらに，教師の負担軽減の問題ともかかわって，現在では，**部活動の地域移行**の問題が，具体的な政策日程に上っている[2]。こうした意味で，教師にとっての部活動というテーマも，重要な論点にはなるのであるが，以下では，生徒にとっての部活動の意味や影響といった点に絞りたい。

📖部活動への参加率と活動時間

　議論の前提になるが，そもそも部活動に入っている生徒は，どれくらいいるのだろうか。やや古いデータになるが，ベネッセ教育総合研究所が実施した「第2回放課後の生活時間調査」（2013 年）によれば，中学生・高校生の学年別の**部活動への加入率**は，図 T7–1 のとおりである。

　2008 年の第1回調査の結果も示されているが，ほとんど変わっていない。また，中3と高3における落ち込みは，調査時点が11月であることが影響していると思われる。その点を踏まえれば，受験学年を除くと，**部活動への**

＊1　内田良 編 『部活動の社会学——学校の文化・教師の働き方』 岩波書店，2021 年，を参照。

＊2　スポーツ庁・運動部活動の地域移行に関する検討会議 「提言」 2022 年，を参照。

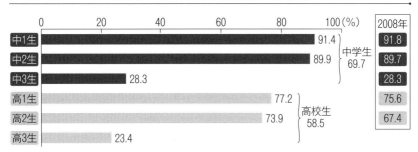

図 T7-1　部活動の加入率

参加率は，中学生で約 90%，高校生でも約 75%というきわめて高い数値を
示していると言えるだろう。

　また，文部科学省（文科省）の調査[*3]によれば，中学 3 年生の 1 学期の数
値ということになるが，平日の 1 日あたりの**部活動の活動時間**は，「2 時間
以上 3 時間未満」が 42.3% でもっとも多く，次いで「1 時間以上 2 時間未
満」が 31.4% となっている。別の調査によれば，「放課後や週末に何をして
過ごすことが多いですか」という質問に対して，中学生の 73.4% は「学校の
部活動」と答えている[*4]。

　部活動は，あくまで自主的活動であるがゆえに，生徒全員が参加している
わけではない。しかし，参加率はかなり高く，活動時間も，当然のことなが
ら濃淡はあるとしても，それなりの長さである。こうした部活動が，学習指
導要領の言葉を借りれば，生徒たちを「スポーツや文化，科学等に親しま
せ，学習意欲の向上や責任感，連帯感の涵養」を図るうえで大きな影響力を
持っているであろうことは想像に難くない。そして，それは，**キャリア教育
にも大きく貢献している**はずである。

---

*3　文部科学省　「平成 31 年度全国学力・学習状況調査」における生徒質問紙調査，2019 年
*4　文部科学省　「令和 4 年度全国学力・学習状況調査」における生徒質問紙調査，2022 年

📖 部活動のキャリア教育上の効果

すでに何度か触れたが，2011 年の中央教育審議会（中教審）答申[*5] は，キャリア教育を通じて子どもたちに身につけさせたい能力として，**「人間関係形成・社会形成能力」「自己理解・自己管理能力」「課題対応能力」「キャリアプランニング能力」** という 4 つの **「基礎的・汎用的能力」** を掲げている。

表 T7-2 は，運動部活動に限ったものではあるが，中学・高校生を対象として，部活動への参加者であるか，非参加者であるかによって，獲得している「基礎的・汎用的能力」に差があるのかどうかを調査した研究[*6] の結果を示したものである。

結果を見ると，「課題対応能力」は，部活動への参加者／不参加者での有意差は見られなかったが，その他の 3 つの能力については，明らかに **部活動への参加者のほうが非参加者よりも高い能力を有している** ことがわかった。

確かに，部活動に集中して取り組むことを通じて，自分の長所や得意なこと，適性等に気づき，**自己理解** が深まる。そして，**他者との関係構築** の仕方や **集団** における **協働や自治** を学ぶ。さらには，目標に向けて **自己をコント**

表 T7-2　運動部活動参加の有無による基礎的・汎用的能力の差

	運動部活動		
	加　入 ($n=196$)	非加入 ($n=93$)	p
人間関係形成・社会形成能力	3.18	2.77	<0.001
自己理解・自己管理能力	3.16	2.97	0.026
課題対応能力	3.08	2.97	0.231
キャリアプランニング能力	2.97	2.77	0.014
基礎的・汎用的能力	12.39	11.48	0.004

[*5]　中央教育審議会　「今後の学校におけるキャリア教育・職業教育の在り方について（答申）」　2011 年

[*6]　青柳健隆ほか　「良いスポーツ経験が青少年のキャリア形成能力に与える影響」『2015 年度笹川スポーツ研究助成』　2016 年

ロールし，計画的に対処していく力を身につけるといったことは，容易に想像できることではなかろうか。

📖 部活動で得られたもの

　実際，すでに学校を卒業した20〜60代の社会人を対象とした別の調査[7]によれば，**学生時代の部活動を振りかえって，それを肯定的に評価する**者は，「とても良い」39.7%，「まあ良い」41.9%で，合わせると81.6%に上っている。不本意な経験や苦しかったこと等もあるのだろうが，やはり総じて高い割合である。

　そのうえで，**部活動で得たもの**としては（複数回答可の設問），「**友人・仲間**」68.8%，「**基本的な生活習慣**」30.2%に続いて，「**人間性**」34.8%，「**社会人基礎力**」31.1%が挙げられている。また，部活動を通じて身についた能力としては，図T7-2に示されたような能力が回答されている。それぞれ，なるほどと思われる結果であろう。

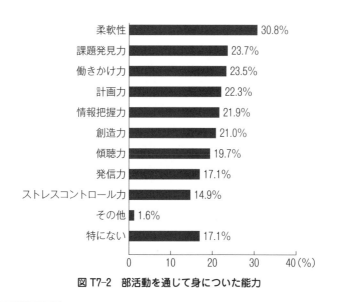

図 T7-2　部活動を通じて身についた能力

＊7　カンコー学生服　「部活動で得たもの」調査，2018年

📖 学校におけるキャリア教育と部活動

見てきたように，キャリア教育の観点から見ても，**部活動はきわめて大きな教育的効果と意義を有している**。ここで紹介したデータ等は，部活動を通じて身につける資質や能力といった点に焦点を当てているが，これとは別に，**部活動への参加を通じて，自己の将来設計の方向性や進路を見つけるきっかけを得る**ようなケースも少なくないだろう。

そう考えれば，学校教育全体を通じたキャリア教育を構想する際には，部活動の教育的意義に注目しない手はない。もちろん，部活動が教育課程外の自主的活動であり，全員が参加しているわけではないという点には留意が必要である。しかし，同時に，部活動は「学校教育の一環」として実施され，「教育課程との関連」が図られるべきであるという学習指導要領の規定を踏まえた対応が模索されてよいはずである。

1つの例としては，部活動に参加している生徒がキャリア・パスポートを記入する際には，教師の側で，部活動への参加を通じて生徒が得たさまざまな気づきや学び，自己の成長への着眼を促すような指導（対話的なかかわり）を試みるといった取り組みがありうるかもしれない。生徒は部活動を通じて，確実に成長している。しかし，そのことを自覚しているとは限らない。それを意識化させ，さらに今後への見通しを持たせることも立派なキャリア教育の営みである。

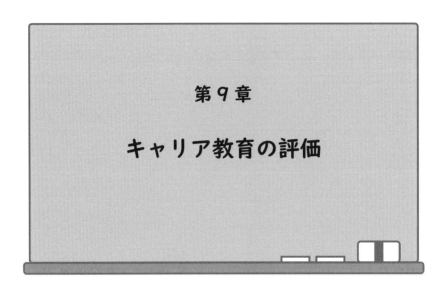

第9章

キャリア教育の評価

第Ⅲ部の最後には，キャリア教育にとって少々やっかいな問題を取り上げておく。

キャリア教育は，学校の教育課程全体を通じて取り組まれるものであり，そのためには「**カリキュラム・マネジメント**」の実施が求められる。この点は，すでに述べたとおりである。そして，一般的に言えば，カリキュラム・マネジメントを実施するためには，どのような内容を（**教育内容**），どんな順序で，どう教えていくのか（**教育方法**）と並んで，そうした教育の結果をどう点検・評価していくのか（**教育評価**）が重要である。いわゆる PDCA（計画－実行－評価－改善）のサイクルを回していくためにも，教育評価は不可欠な取り組みである。

それでは，**キャリア教育の評価**は，どのように行えばよいのだろうか。

📖 教育評価とは？

キャリア教育の評価の問題に入る前に，そもそも**教育における「評価」とは何か**を明らかにしておこう。

　読者の多くは，教育評価といえば，**子どもたちの学習の到達度や成果を測るもの**，端的に言えば，**成績を付ける**ことだと思っているかもしれない。もちろん，その場合でも，到達度や成果の測り方にはいろいろな方法があって，「**評定**」のように，「5・4・3・2・1」等と数値化して包括的に評価することもあれば，あらかじめ設定した観点ごとに評価を行う「**観点別評価**[*1]」もある。また，目標に準じて，生徒がどこまで到達しているのかを測る「**絶対評価**」もあれば，母集団における位置（順位）によって，生徒の学習成果を測る「**相対評価**」という方法もある。最近では，学期や学習した単元等の終了時に到達度を測る「**総括的評価**」だけではなく，学習のプロセスに沿って，それぞれの段階での到達度を確認していく「**形成的評価**[*2]」も注目されている。

　とはいえ，以上に述べたのは，評価の観点や方法はさまざまにあるとしても，すべて**子どもたちの学習の到達度を把握するという意味での評価**である。しかし，教育評価にはもう1つの側面がある。それは，**教育プログラムの実施や授業などが，所期の目的を達成できているのかどうかを測るもの**である。実は，この意味での評価なくしては，教育としての取り組みの結果（成果）の点検はできない。先に述べたようなPDCAサイクルを回すことも，カリキュラム・マネジメントも実施できないことになるだろう。

📖 教育評価の2つの側面と目的

　以上のような意味で，教育評価には，「**子どもたちに対する評価**」と「**教育プログラムに対する評価**」の2つの側面（役割）がある。

　重要なのは，どちらの側面の評価だとしても，そもそも**評価は何のためになされるのか**である。子どもの学習の到達度や成果を測るのは，もちろん子

[*1] 例えば，現行の学習指導要領のもとでは，「知識・技能」「思考・判断・表現」「主体的に学習に取り組む態度」の3観点について，A，B，Cの3段階で評価することが，小・中・高校の「指導要録」において定められている。

[*2] 例えば，学習プロセスにおいて，単元等の節目ごとに小テストを実施する，ノートの提出を求めるなど，学習の成果に即して生徒の到達度を測り，確かめるための評価である。その後に続く，指導の改善に生かすことがめざされる。

どもたちを「値踏み」したり，順位づけしたりするためではない。評価は，子どもたちの**学習の到達度を把握**し，**残された学習課題があるかどうかを点検**して，子どもたちのさらなる**学習意欲**を引き出したり，**今後の学びと成長に生かす**ためにこそ行われる。その意味では，評価を行うためにテストを実施することがあったとしても，それは，「選抜」を目的とする入学試験のテストとは，根本的に性格を異にするのである。

　他方，教育プログラムの成果を評価するのは，すでに述べたように，**教育プログラムの内容や方法を点検**し，**今後の改善に資する**ためである。教育プログラムの作成者の主観的意図としては，どんなに優れた内容で，工夫された教育プログラムを準備したつもりであっても，実際の生徒を対象に取り組んだ際には，思っていたような効果が現れないといったことはいくらでも生じる。何が足りなかったのか，どこを修正すべきなのかをきちんと確かめることこそが，その後の教育改善につながると言える。

　なお，**教育評価の2つの側面**は，その目的と役割を異にするものではあるが，**相互に関連**もしている。教育プログラムを評価するために，そのプログラムを学習した生徒の到達度の評価が使われることは十分にありうる。逆に，教育プログラムの評価において見えてきた改善の視点を，生徒の指導やその結果としての評価に生かすこともありうるだろう。現行の学習指導要領は，「**指導と評価の一体化**[*3]」を図るべきであるとしているが，それに通じるものがあろう。

📖 キャリア教育における評価──生徒評価

　以上の点を前提として，**キャリア教育における評価**をどう考えればよいだろうか。まずは，子どもたちに対する評価について考えてみる。

　キャリア教育においても，生徒の学習の理解度や到達度を把握し，その結

---

*3　生徒に対する評価の結果を指導の改善に生かし，新たな指導の結果をさらに評価するといったかたちで，「指導に生かすための評価」を充実させていくこと。中央教育審議会「幼稚園，小学校，中学校，高等学校及び特別支援学校の学習指導要領等の改善及び必要な方策等について（答申）」2016年，を参照。

果を生徒自身の今後の成長に生かしていくための評価は，もちろんありうる
し，必要なことである。ただし，それは，**教科等における評価とはやや性格
を異にする**。このあたりが，キャリア教育における評価の少々やっかいな側
面である。

　教科等においては，学習する単元やまとまりごとに明確な**到達目標**を設定
することができるので，その到達目標に即して，生徒の学習の到達度を測る
ことが可能である。「知識・技能」「思考・判断・表現」「主体的に学習に取
り組む態度」といった観点別の評価をする場合も，それぞれの観点での到達
目標に準拠しつつ評価をすることになる。一般的に言って，**目標設定なくし
ては，評価は成り立たない**からである。

　キャリア教育の場合にも，もちろんキャリア教育を通じて身につけさせた
い力としての「**基礎的・汎用的能力**」や，進路意識やキャリア意識の成熟度
などを到達目標として設定することは可能である。しかし，この場合の到達
目標は，教科教育における「指導と評価の一体化」のように，指導の結果と
しての到達段階などを一義的に想定できるわけではない。一人一人の生徒に
よる個性的な差が生じるものである。

　そうした意味で，キャリア教育においても生徒評価は可能であるが，この
評価を**他の生徒と比較**をしたり，**母集団のなかでの位置**を測ったりすること
は意味をなさない。基本的には，数値で総括的な評価をするような**評定にも
馴染まない**と言える。

📖 個人内変化を測る

　キャリア教育における生徒評価には，以上のような特徴がある。では，ど
うするのか。実際のキャリア教育の取り組みにおいてよくなされるのは，い
わゆる「**個人内変化**」の測定である。

　特定の**キャリア教育プログラムの実施の前後**において，あるいは**学年の開
始時と終了時**などに，基礎的・汎用的能力やキャリア意識の成熟度などを測
れば，おのずとキャリア教育に取り組んだ結果としての生徒一人一人の変化
が見えてくる。その変化を生徒自身にもフィードバックすれば，本人なりに

気づきを得たり，自らの**成長**を確認したりしつつ，さらに先に向けた**目標**や**見通し**を立てることもできるだろう。

　表9-1 は，文部科学省（文科省）の委託調査において開発された[*4]，生徒の「基礎的・汎用的能力を測るための指標」をまとめたものである。

表9-1　基礎的・汎用的能力に関する指標

---

1. 相手の気持ちを考えて話をするようにしている
2. 自分とはちがう考え方を持つ人のことも受けとめようとしている
3. 意見はわかりやすく伝えるように意識している
4. ほかの人と一緒に何かをするときには，自分ができることは何かを考えて行動するようにしている
5. ほかの人と一緒に何かをするときには，周りの人と力を合わせるということを意識している
6. 必要なときには，自分の意見をはっきり言うことができる

---

7. 自分にはよいところがあると思っている
8. 自分が何に興味や関心があるのかわかっている
9. 身の回りのことは，できるだけ自分でしている
10. 必要なときには，苦手なことにもがんばって取り組むようにしている
11. やるべきことがわかっているときには，ほかの人から指示される前に取り組むことができる
12. 気持ちが沈んでいるときなどであっても，しなければならないことにはきちんと取り組むことができる

---

13. わからないことがあったときには，自分からすすんで情報を集めることができる
14. 何か問題がおきたときには，なぜそうなったかを考えるようにしている
15. 何か問題がおきたときには，どのようにしたらその問題が解決できるかを考えるようにしている
16. 何か問題がおきたときには，次に同じようなことがおきないよう工夫をするようにしている
17. 何かに取り組むときには，計画を立てて取り組むようにしている
18. 何かに取り組むときには，進め方や考え方がまちがっていないか，ふり返って考えるようにしている

---

19. 勉強をすることの意味について自分なりの考えを持っている
20. 仕事をすることの意味について自分なりの考えを持っている
21. 世の中には，さまざまな働き方や生き方があることを理解している
22. 職業や働き方を選ぶ際に，どのように情報を調べればよいかわかっている
23. 将来の夢や目標が具体的になっている
24. 将来の夢や目標に向かって努力している

＊4　浜銀総合研究所　「高等学校普通科におけるキャリア教育の実践と生徒の変容の相関関係に関する調査研究報告書」（文部科学省委託調査）　2015 年

　掲げられた 24 の質問項目は，2011 年の中央教育審議会（中教審）の答申[5]が，キャリア教育において生徒に身につけさせたい能力であるとした 4 つの「**基礎的・汎用的能力**」を測るために設定されている。上から 6 項目ずつ，それぞれ「**人間関係形成・社会形成能力**」「**自己理解・自己管理能力**」「**課題対応能力**」「**キャリアプランニング能力**」を測るための質問になっている。それぞれの質問項目に対して，例えば 4 件法（「とても当てはまる」「まあ当てはまる」「あまり当てはまらない」「当てはまらない」）で答えるような質問紙の調査を 2 時点で実施すれば，その結果から，キャリア教育の取り組みをはさんだ前・後における生徒の変化を見て取ることができるような設計になっている。

　あらためて注意を促しておくが，この評価法は，回答結果を他の生徒と比較するためのものではないし，すべての項目が直ちに「とても当てはまる」になることを目標としたものでもない。大切なのは，あくまで生徒個々人による**気づき**であり，**変容と成長**である。生徒本人が，現在の自分の状態を認識して，過去の自分からの成長に気づけたり，今後に向けた見通しを立てたりすることができるようになることが，目的なのである。

📖 生徒評価の多様な手法

　上に示した質問紙調査の事例は，生徒本人が回答する方式を想定しており，その意味では，生徒自身による**自己評価**を把握するものである。

　もちろん，キャリア教育における生徒評価には，こうした自己評価だけではなく，**他者評価**という方法もありうる。先の質問紙のような調査に**教師が回答**すれば，あるいは，キャリア教育のプログラムなどに一緒に取り組んだ**他の生徒に回答**してもらえば，それが他者評価となる。生徒自身による自己評価よりも，**客観性が担保**されやすく，かつ，**本人が意識できていない点が明らかになる**可能性もある。本人の気づきを促すことに役立つことが期待できるだろう。

＊5　中央教育審議会　「今後の学校におけるキャリア教育・職業教育の在り方について（答申）」　2011 年

さらに言えば，自己評価にしても，他者評価にしても，質問紙等によって**数値化される定量的な調査**だけではなく，**定性的な評価**も，キャリア教育における生徒評価のれっきとした手法である。生徒の何を評価したいのかによっては，定性的な評価のほうがふさわしいケースもある。定性的な評価には教師による観察などの方法とともに，資料としては，生徒が記入した**ノートやワークシート**，生徒が作成した**プレゼンテーションの資料や制作物**などがよく使われる。これらは，**ポートフォリオ**として1つのファイル等にまとめられて，活用されることもある。

なお，第6章およびトピック5で述べた**キャリア・パスポート**は，キャリア教育に取り組むための**教材**であり，あくまで教育活動として実施されるものなので，生徒評価のためのものではない。しかし，この点は大前提としなくてはいけないが，キャリア・パスポートは，他者との比較や到達目標の達成の可否をチェックするような評価ではなく，それぞれの生徒の個人内変化を把握するものとしては，実質的な意味で，生徒評価に役立つものともなるだろう。

📖 キャリア教育における評価──プログラム評価

では，**キャリア教育のプログラムに対する評価**は，どのように行えばよいのか。キャリア教育への取り組みをやりっ放しにせず，先にも述べたPDCAのサイクルを回していくためには，教育プログラムや取り組みに対する評価は欠かすことができない。ただし，評価の仕方には，生徒評価と同様に，さまざまなやり方がある。

まずは，**評価の観点**を定めることが求められる。キャリア教育のプログラム全体を，漠然と総括的に評価するようなことはできない。あくまで例示としてであるが，以下に，おそらく一般的に想定できるであろう**キャリア教育のプログラム評価の観点**を列挙してみる。

①プログラムの目標は，明確であったか。
②取り組む内容は，生徒の発達段階に合っていたか。

③学習の方法は，生徒の実態に合っていたか。

④生徒は，プログラムの目標を達成できていたか。

⑤生徒は，主体的に取り組めていたか。

⑥効果的な学習の形態や方法を採用していたか。

⑦資料，データ，教材等を適切に活用していたか。

⑧外部の人材や地域における教育資源を効果的に活用していたか。

⑨プログラムの内容は，他のキャリア教育プログラムとも有機的に結びつくものであったかどうか。

⑩プログラムの内容は，各教科等の学習とも有機的に結びつくものであったかどうか。

　あくまで例として示したものなので，当然，これ以外の観点を設定することもできるだろう。また，ここに掲げた観点すべてに即した評価が，つねに行われなくてはならないというわけでもない。要は，自らの**キャリア教育の取り組みのうちのどこを点検・評価したいのか**を明確にして，そのための評価の観点を設定していくことが肝要であろう。

📖 キャリア教育のプログラム評価の多様な手法

　キャリア教育のプログラム評価に関しても，生徒評価と同様に，プログラムの実施側が自らプログラムについて振りかえりを行う**主観的評価**もあれば，当該のプログラムに基づく学習を行った生徒にアンケートを実施するなどの方法による**客観的評価**もある。

　客観的評価のほうが，**評価の客観性を担保できる**という面もあるだろうが，教育を受ける側である生徒に，プログラム評価の全体を任せきりにすることはできない。生徒の視点では見えなかったり，意識できなかったりすることは，当然のこととして存在するからである。要は，プログラムの実施側からの主観的評価と生徒等による客観的評価を，目的に応じて使い分けたり，組み合わせたりするということになろう。

　また，評価の方法についても，アンケート等による**定量的調査**もあれば，

教育プログラムの実施プロセスでの観察や実施後の生徒とのやり取りなどを根拠とした**定性的評価**も可能である。

　第8章で論じたように，キャリア教育は，学校教育全体を通じて取り組まれるべきものである。したがって，キャリア教育のプログラム評価は，単独のプログラムに対する評価にとどまることなく，**他のキャリア教育プログラムとの関連やつながり**，教科等における**「広義のキャリア教育」との関連**についても意識される必要がある（先に示した評価の観点における⑨⑩が，これに当たる）。そうすることで，学校のキャリア教育全般についての**カリキュラム・マネジメント**を実施していくことができるのである。

📖 第9章のポイント

1. キャリア教育の評価には，生徒の理解度や到達度を把握する「生徒評価」と，教育プログラムのあり方を点検する「プログラム評価」がある。

2. 重要なのは，何のために評価を行うのかである。生徒評価は，生徒の現状を確かめ，今後に向けた意欲を引き出すためのものであり，プログラム評価は，プログラムを点検して，今後の改善に生かすために行われる。

3. 生徒評価もプログラム評価も，評価の仕方には，主観的評価と客観的評価，定量的調査に基づく評価と定性的評価がある。それぞれにメリット・デメリットがあり，目的に応じて使い分けたり，組み合わせたりすることが肝要である。

トピック8

キャリア教育を通じて身につける能力

　子どもたちは，キャリア教育を通じて，どんな意識や態度，能力を身につけることが期待されているのか。それは，キャリア教育の目標やねらいを示すものであり，キャリア教育をどう組み立てていくのかにも大きく影響する。それだけではなく，第9章で述べたように，キャリア教育についての評価を実施する際には，有力な手がかりになるものでもある。

　ここでは，キャリア教育の成立期から現在に至るまでの教育政策の展開において，いったいどのような力が，**子どもたち身につけさせたい能力**とされてきたのかについて紹介しておく。

📖「4領域8能力」

　2004年，日本の学校現場でキャリア教育が開始された時点において，文部科学省（文科省）による調査研究協力者会議は，キャリア教育の定義を，端的には「**勤労観・職業観の育成である**」（第4章で指摘した「定義2.0＋α」）とした。その定義の狭さについてはすでに指摘したとおりであるが，しかし，同会議は，キャリア教育を通じて子どもたちに身につけさせたい能

表T8-1　4領域8能力

人間関係形成能力	・自他の理解能力 ・コミュニケーション能力
情報活用能力	・情報収集・探索能力 ・職業理解能力
将来設計能力	・役割把握・認識能力 ・計画実行能力
意思決定能力	・選択能力 ・課題解決能力

力としては，勤労観・職業観よりもかなり幅広く，表T8-1のような**4つの能力領域**と，それぞれの領域のもとに位置づく**8つの能力**を提示していた[*1]（教育界では，その後これを「**4領域8能力**」と言い表すようになった）。

　能力が指定されているのだから，当然，子どもたちがこれらの能力を身につけるのは，「**狭義のキャリア教育**」としての特定の活動や学習を通じてのみでは不可能である。それゆえ，キャリア教育は，学校教育全体を通じて取り組むべきものであるとも位置づけられていた。

　また，「4領域8能力」については，表T8-2[*2]（pp. 150–151）のように，小学校低学年から高校までの子どもたちの発達段階に即して，それぞれの能力ごとの到達を把握するための具体的基準の枠組みが，あくまで「例」としてではあるが，提示されている。言うまでもなく，学校現場がキャリア教育に取り組む際，**実際には何をめざし，どこまでやればいいのか**という，現場の教師たちに当然浮かんでくるであろう問いに対して，一定の指針を与えようとして示されたものである。

---

*1　キャリア教育の推進に関する総合的調査研究協力者会議　「報告書——児童生徒一人一人の勤労観，職業観を育てるために」　2004年
*2　初出は，国立教育政策研究所　生徒指導研究センター　「児童生徒の職業観・勤労観を育む教育の推進について（調査研究報告書）」　2002年。後に，キャリア教育の推進に関する総合的調査研究協力者会議　「報告書——児童生徒一人一人の勤労観，職業観を育てるために」2004年，に再録。

表T8-2　職業観・勤労観を育む学習プログラムの枠組み（例）——職業的（進路）発達に

			小　学　校		
			低　学　年	中　学　年	高　学　年
	職業的（進路）発達の段階		進路の探索・選択にかかる基盤形成の時期		
○職業的（進路）発達課題（小～高等学校段階） 　各発達段階において達成しておくべき課題を、進路・職業の選択能力及び将来の職業人として必要な資質の形成という側面から捉えたもの。			・自己及び他者への積極的関心の形成・発展 ・身のまわりの仕事や環境への関心・意欲の向上 ・夢や希望、憧れる自己イメージの獲得 ・勤労を重んじ目標に向かって努力する態度の形成		
職業的（進路）発達にかかわる諸能力			職業的（進路）発達を促すために		
領域	領域説明	能力説明			
人間関係形成能力	他者の個性を尊重し、自己の個性を発揮しながら、様々な人々とコミュニケーションを図り、協力・共同してものごとに取り組む。	【自他の理解能力】 　自己理解を深め、他者の多様な個性を理解し、互いに認め合うことを大切にして行動していく能力	・自分の好きなことや嫌なことをはっきり言う。 ・友達と仲良く遊び、助け合う。 ・お世話になった人などに感謝し親切にする。	・自分のよいところを見つける。 ・友達のよいところを認め、励まし合う。 ・自分の生活を支えている人に感謝する。	・自分の長所や欠点に気付き、自分らしさを発揮する。 ・話し合いなどに積極的に参加し、自分と異なる意見も理解しようとする。
		【コミュニケーション能力】 　多様な集団・組織の中で、コミュニケーションや豊かな人間関係を築きながら、自己の成長を果たしていく能力	・あいさつや返事をする。 ・「ありがとう」や「ごめんなさい」を言う。 ・自分の考えをみんなの前で話す。	・自分の意見や気持ちをわかりやすく表現する。 ・友達の気持ちや考えを理解しようとする。 ・友達と協力して、学習や活動に取り組む。	・思いやりの気持ちを持ち、相手の立場に立って考え行動しようとする。 ・異年齢集団の活動に進んで参加し、役割と責任を果たそうとする。
情報活用能力	学ぶこと・働くことの意義や役割及びその多様性を理解し、幅広く情報を活用して、自己の進路や生き方の選択に生かす。	【情報収集・探索能力】 　進路や職業等に関する様々な情報を収集・探索するとともに、必要な情報を選択・活用し、自己の進路や生き方を考えていく能力	・身近で働く人々の様子が分かり、興味・関心を持つ。	・いろいろな職業や生き方があることが分かる。 ・分からないことを、図鑑などで調べたり、質問したりする。	・身近な産業・職業の様子やその変化が分かる。 ・自分に必要な情報を探す。 ・気付いたこと、分かったことや個人・グループでまとめたりを発表する。
		【職業理解能力】 　様々な体験等を通して、学校で学ぶことと社会・職業生活との関連や、今しなければならないことなどを理解していく能力	・係や当番の活動に取り組み、それらの大切さが分かる。	・係や当番活動に積極的にかかわる。 ・働くことの楽しさが分かる。	・施設・職場見学等を通し、働くことの大切さや苦労が分かる。 ・学んだり体験したりしたことと、生活や職業との関連を考える。
将来設計能力	夢や希望を持って将来の生き方や生活を考え、社会の現実を踏まえながら、前向きに自己の将来を設計する。	【役割把握・認識能力】 　生活・仕事上の多様な役割や意義及びその関連等を理解し、自己の果たすべき役割等についての認識を深めていく能力	・家の手伝いや割り当てられた仕事・役割の必要性が分かる。	・互いの役割や役割分担の必要性が分かる。 ・日常の生活や学習と将来の生き方との関係に気付く。	・社会生活にはいろいろな役割があることやその大切さが分かる。 ・仕事における役割の関連性や変化に気付く。
		【計画実行能力】 　目標とすべき将来の生き方や進路を考え、それを実現するための進路計画を立て、実際の選択行動等で実行していく能力	・作業の準備や片づけをする。 ・決められた時間やきまりを守ろうとする。	・将来の夢や希望を持つ。 ・計画づくりの必要性に気付き、作業の手順が分かる。 ・学習等の計画を立てる。	・将来のことを考える大切さが分かる。 ・憧れとする職業を持ち、今、しなければならないことを考える。
意思決定能力	自らの意志と責任でよりよい選択・決定を行うとともに、その過程での課題や葛藤に積極的に取り組み克服する。	【選択能力】 　様々な選択肢について比較検討したり、葛藤を克服したりして、主体的に判断し、自らにふさわしい選択・決定を行っていく能力	・自分の好きなもの、大切なものを持つ。 ・学校でしてよいことと悪いことがあることが分かる。	・自分のやりたいこと、よいと思うことなどを考え、進んで取り組む。 ・してはいけないことが分かり、自制する。	・係活動などで自分のやりたい係、やれそうな係を選ぶ。 ・教師や保護者に自分の悩みや葛藤を話す。
		【課題解決能力】 　意思決定に伴う責任を受け入れ、選択結果に適応するとともに、希望する進路の実現に向け、自ら課題を設定してその解決に取り組む能力	・自分のことは自分で行おうとする。	・自分の仕事に対して責任を感じ、最後までやり通そうとする。 ・自分の力で課題を解決しようと努力する。	・生活や学習上の課題を見つけ、自分の力で解決しようとする。 ・将来の夢や希望を持ち、実現を目指して努力しようとする。

かかわる諸能力の育成の観点から　　※太字は,「職業観・勤労観の育成」との関連が特に強いものを示す

中　学　校	高　等　学　校
現実的探索と暫定的選択の時期	現実的探索・試行と社会的移行準備の時期
•肯定的自己理解と自己有用感の獲得 •**興味・関心等に基づく職業観・勤労観の形成** •進路計画の立案と暫定的選択 •生き方や進路に関する現実的探索	•自己理解の深化と自己受容 •**選択基準としての職業観・勤労観の確立** •将来設計の立案と社会的移行の準備 •進路の現実吟味と試行的参加

育成することが期待される具体的な能力・態度

•自分の良さや個性が分かり, 他者の良さや感情を理解し, 尊重する。 •自分の言動が相手や他者に及ぼす影響が分かる。 •自分の悩みを話せる人を持つ。	•**自己の職業的な能力・適性を理解し, それを受け入れて伸ばそうとする。** •他者の価値観や個性のユニークさを理解し, それを受け入れる。 •互いに支え合い分かり合える友人を得る。
•他者に配慮しながら, 積極的に人間関係を築こうとする。 •人間関係の大切さを理解し, コミュニケーションスキルの基礎を習得する。 •リーダーとフォロアーの立場を理解し, チームを組んで互いに支え合いながら仕事をする。 •新しい環境や人間関係に適応する。	•自己の思いや意見を適切に伝え, 他者の意志等を的確に理解する。 •異年齢の人や異性等, 多様な他者と, 場に応じた適切なコミュニケーションを図る。 •リーダー・フォロアーシップを発揮して, 相手の能力を引き出し, チームワークを高める。 •新しい環境や人間関係を生かす。
•**産業・経済等の変化に伴う職業や仕事の変化のあらましを理解する。** •上級学校・学科等の種類や特徴及び職業に求められる資格や学習歴の概略が分かる。 •生き方や進路に関する情報を, 様々なメディアを通して調査・収集・整理し活用する。 •必要に応じ, 獲得した情報に創意工夫を加え, 提示, 発表, 発信する。	•**卒業後の進路や職業・産業の動向について, 多面的・多角的に情報を集め検討する。** •就職後の学習の機会や上級学校卒業時の就職等に関する情報を探索する。 •職業生活における権利・義務や責任及び職業に就く手続き・方法などが分かる。 •調べたことなどを自分の考えを交え, 各種メディアを通して発表・発信する。
•**将来の職業生活との関連の中で, 今の学習の必要性や大切さを理解する。** •体験等を通して, 勤労の意義や働く人々の様々な思いが分かる。 •係・委員会活動や職場体験等で得たことを, 以後の学習や選択に生かす。	•就業等の社会参加や上級学校での学習等に関する探索的・試行的な体験に取り組む。 •社会規範やマナー等の必要性や意義を体験を通して理解し, 習得する。 •**多様な職業観・勤労観を理解し, 職業・勤労に対する理解・認識を深める。**
•自分の役割やその進め方, よりよい集団活動のための役割分担やその方法等が分かる。 •日常の生活や学習と将来の生き方との関係を理解する。 •様々な職業の社会的役割や意義を理解し, 自己の生き方を考える。	•学校・社会において自分の果たすべき役割を自覚し, 積極的に役割を果たす。 •ライフステージに応じた個人的・社会的役割や責任を理解する。 •将来設計に基づいて, 今取り組むべき学習や活動を理解する。
•**将来の夢や職業を思い描き, 自分にふさわしい職業や仕事への関心・意欲を高める。** •進路を立てる意義や方法を理解し, 自分の目指すべき将来を暫定的に計画する。 •将来の進路希望に基づいて当面の目標を立て, その達成に向けて努力する。	•生きがい・やりがいがあり自己を生かせる生き方や進路を現実的に考える。 •職業についての総合的・現実的な理解に基づいて将来を設計し, 進路計画を立案する。 •将来設計, 進路計画の見直し再検討を行い, その実現に取り組む。
•自己の個性や興味・関心等に基づいて, よりよい選択をしようとする。 •選択の意味や判断・決定の過程, 結果には責任が伴うことなどを理解する。 •教師や保護者と相談しながら, 当面の進路を選択し, その結果を受け入れる。	•**選択の基準となる自分なりの価値観, 職業観・勤労観を持つ。** •多様な選択肢の中から, 自己の意志と責任で当面の進路や学習を主体的に選択する。 •進路希望を実現するための諸条件や課題を理解し, 実現可能性について検討する。 •選択結果を受容し, 決定に伴う責任を果たす。
•学習や進路選択の過程を振り返り, 次の選択場面に生かす。 •よりよい生活や学習, 進路や生き方等を目指して自ら課題を見出していくことの大切さを理解する。 •課題に積極的に取り組み, 主体的に解決していこうとする。	•将来設計, 進路希望の実現を目指して, 課題を設定し, その解決に取り組む。 •自分を生かし役割を果たしていく上での様々な課題とその解決策について検討する。 •理想と現実との葛藤経験等を通し, 様々な困難を克服するスキルを身につける。

📖「基礎的・汎用的能力」

　2004 年以降，通常の学校現場においては，キャリア教育とは「勤労観・職業観の育成」であるという理解が受容されつつも，**キャリア教育の研究指定等を受けた学校**においては，研究授業などにおける評価の観点として「4領域8能力」が盛んに使われていた。つまり，漠然とした受けとめとしては「勤労観・職業観」で事足りたが，実際に授業等を構想する際には，「勤労観・職業観」では曖昧すぎるので，「4領域8能力」が頼りにされたのである。

　そうした点で，「4領域8能力」は，徐々にではあっても，学校現場に普及しはじめていた。しかし，2011 年の中央教育審議会（中教審）の答申[*3]は，キャリア教育で子どもたちに身につけさせたい能力の全体像を，（第4章などですでに示した）図 T8-1 のように提示した。そして，これまで繰り返し述べてきたが，キャリア教育においてとりわけ重視すべき育成対象の能力を，「**人間関係形成・社会形成能力**」「**自己理解・自己管理能力**」「**課題対応能力**」「**キャリアプランニング能力**」からなる「**基礎的・汎用的能力**」で

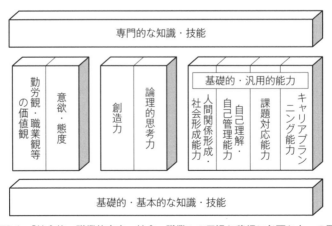

図 T8-1　「**社会的・職業的自立，社会・職業への円滑な移行に必要な力**」の要素

---

*3　中央教育審議会　「今後の学校におけるキャリア教育・職業教育の在り方について（答申）」　2011 年

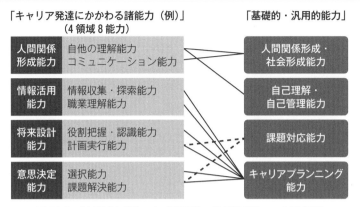

図 T8-2　「4 領域 8 能力」と「基礎的・汎用的能力」の対応関係

あるとした。

　先の「4 領域 8 能力」と「基礎的・汎用的能力」のあいだには，重なる部分も多いが，単に表現を入れ替えたといったレベルでの変更にはとどまらないところもある。ある意味では，明らかな政策変更と言えなくもない。

　図 T8-2[4] は，「4 領域 8 能力」と「基礎的・汎用的能力」の対応関係について，文科省なりの説明が示されたものである。

　一見してわかるように，両者のあいだには重複して位置づけられた能力もあるが，新たな「基礎的・汎用的能力」における「自己管理能力」や「課題対応能力」のように，以前の「4 領域 8 能力」では必ずしも明示的ではなかった（強調されていなかった）能力も登場している。

　こうした転換（修正）は，なぜなされたのか。文科省の説明によれば，1つは，表 T8-2 として示した発達段階ごとの各能力の具体的基準の枠組みの表に見られるように，「4 領域 8 能力」は，基本的には**高校までに身につけるべき能力**を想定していた。しかし，「基礎的・汎用的能力」は，さらにその先に**社会人としてキャリア形成をしていくことを想定した諸能力**を規定したものであるためだという。

　もう 1 つは，2004 年に提起された「4 領域 8 能力」の前後には，**内閣府の**

---

*4　文部科学省　「高等学校キャリア教育の手引き」　2011 年

「人間力」（2003年），厚生労働省（厚労省）の「就職基礎能力」（2004年），経済産業省（経産省）の「社会人基礎力」（2006年）などが提起されており，それらを参考にしながら，用語を整理し，「4領域8能力」に不足していた点を補ったということである。

📖 何のための「キャリア教育で身につける能力」か

　2011年に「基礎的・汎用的能力」が提起されて以降は，ほとんどの学校現場において，キャリア教育で身につける能力として「基礎的・汎用的能力」が使用されるようになった。なかには，「基礎的・汎用的能力」を下敷きにしつつ，それぞれの**学校独自のネーミングを考案している例**[*5]も見られるが，望ましい工夫であろう。

　重要なのは，こうしたかたちで**「キャリア教育で身につける能力」を規定するのは，何のためなのか**という原点を忘れないことである。もちろんそれは，設定された能力基準に基づいて，子どもたちを順位づけしたり，「値踏み」したりするためのものではない。そうではなくて，キャリア教育の取り組みの目標を明確にし，子どもたちの学びや成長を励ますと同時に，教育プログラムそのものを点検する教育評価に資するためである。

　また，規定された能力を**個々バラバラ**に，いわば**要素主義的**に捉えすぎてしまうことも問題であろう。子どもたち一人一人において，**個々の能力にデコボコがある**のは，当たり前のことである。それは，ある意味での**個性**でもあるとも言える。大切なのは，個々の能力要素の水準を揃えていくということではない。デコボコを含んだ諸要素を統合しつつ，子どもたちが，「社会的・職業的自立」に向けた能力を総合的な意味で獲得できているかどうかなのである。

＊5　例えば，「人間関係形成・社会形成能力」を「かかわる力」，「自己理解・自己管理能力」を「みつめる力」，「課題対応能力」を「やり抜く力」，「キャリアプランニング能力」を「夢をいだく力」と表現するといった工夫がなされている。

第IV部
キャリア教育の推進体制

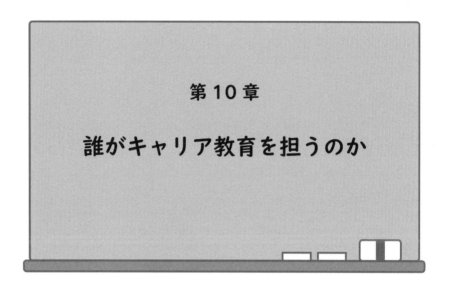

第10章

誰がキャリア教育を担うのか

　ここまで，第Ⅰ部から第Ⅲ部にわたって，キャリア教育について累々述べてきた。

　では，学校における**キャリア教育は，いったい誰が担うのか**。──「教師に決まっているではないか」と言われてしまうかもしれない。確かに，そうである。

　しかし，教師だけがキャリア教育を担うのだろうか。そうではなく，キャリア教育においては，**保護者や卒業生，地域**との協力，**外部の専門機関や専門的人材**との連携も欠かせない。そうした意味では，キャリア教育の担い手は誰かという問題は，実は奥が深いのである。

　この章では，キャリア教育の取り組みにおける**学校内における組織体制**と，**学校外との連携**について述べていく。

📖 進路指導主事，校務分掌としての進路指導部

　キャリア教育を推進する組織体制を理解するために，学校における**進路指導主事**の存在と，校務分掌としての**進路指導部**について，あらかじめ説明し

ておく[*1]。

　学校教育法施行規則は，中学校と高校には「進路指導主事」を置くことを義務づけている（第 71 条）。その役割は，校長の監督のもとに，学校全体で取り組む**進路指導を中心的に担う**ことであり，教員間の連絡調整に当たり，個々の教員に対する指導や助言を行うことである。また，多くの場合，進路指導主事は，学校の**進路指導の全体計画**の作成に関与し，計画に基づいて，各学年の実施状況を点検したり，その改善・充実に努める役割も担っている。

　こうした点で，進路指導主事は，学校における進路指導を担う中核的な人材である。とはいえ，進路指導主事は，校長，教頭（副校長），あるいは主幹教諭のように，教育委員会から任用されて当該の学校に赴任する**任用職ではなく**，その学校の教員集団のなかから，校長によって任命される。

　また，進路指導主事になるために，何らかの**資格要件**（専門的資格の保持，研修の経験，進路指導の経験年数など）が存在しているわけでもない。学校現場の実情としては，その学校内で進路指導の経験の長い，中堅ないしベテランの教員が，校長から進路指導主事として任命されるというケースが圧倒的であろう。

　日本の学校においてキャリア教育が開始されて以降は，多くの中・高校において，**進路指導主事がキャリア教育を推進していく中心的な役割を担うことになった**と想定することができる。中・高校における進路指導は，キャリア教育にもっとも近い教育活動であると見なされたであろうからである。もちろん，進路指導主事とは別に，学校独自で**「キャリア教育主任」**などを置いた学校もある。全国の学校において，一律の対応を求められたわけではないからである。

　なお，学校においては，教師が学校運営上の役割を分担するために**校務分掌**が置かれ，教務部，研究部，生徒指導部，健康教育部，**進路指導部**などが

[*1]　以下は，あくまで中学校と高校に限定した話である。歴史的に，小学校には進路指導主事も進路指導部も置かれてこなかった。それゆえ，キャリア教育が開始されて以降は，もちろん学校ごとに対応が異なるだろうが，進路指導主事と同様の役割を果たすような役職（例えば「キャリア教育主任」）が置かれるようになった。

存在している。進路指導主事は，このうちの進路指導部に所属して，分掌を
分担する教師たちとともに，学校全体の進路指導（キャリア教育）を推進す
る役割を担っていく。

　校務分掌の名称や役割は，法令上に規定があるわけではなく，学校の裁量
によって決められる。進路指導部は，キャリア教育が導入されて以降，「**キャ
リア教育部**」「**キャリア支援部**」などに名称変更されたり，業務の拡大を含
みつつ再編された事例も少なくない[*2]。

📖 キャリア教育を推進する学校内の組織体制

　では，以上の点を踏まえたうえで，学校におけるキャリア教育は，どのよ
うな**校内の組織体制**のもとで推進されているのだろうか[*3]。

　管理職である校長，教頭（副校長）と，進路指導主事（あるいは，キャリ
ア教育主任）が，学校におけるキャリア教育の計画立案，実施・運営，教師
間の連絡・調整，カリキュラム・マネジメントの実行など，キャリア教育全
体の**マネジメント層としての役割**を果たす。そして，校務分掌上の進路指導
部（あるいは，キャリア教育部）の教師を中心として，担任や学年担当の教
師などが，キャリア教育の実際の**実行層としての役割**を果たしていく。

　大方の学校における推進体制は，おそらくこんな感じであろう。実行層
は，生徒に対して直接的な指導や教育を行う教師であり，マネジメント層
は，そうした指導・教育体制を支援する役割を担うことになる（図10–1 を
参照）。

　キャリア教育は，学校教育全体を通じて取り組む営みである以上，特定の
教師だけで，これを担うことはできないし，望ましくもない。**すべての教師
が連携・協働して取り組む**ことが求められる。しかし，そうした連携・協働
の効果を発揮させ，有機的な取り組みを推進していくためには，**管理職や進**

[*2]　高校に限った調査であるが，リクルート進学総研の「高校の進路指導・キャリア教育に関
する調査2014」報告書では，2014年時点では，進路指導部がキャリア教育を担う学校が過
半数（54.7％）を占めていた。

[*3]　これまた中学校と高校を前提とした説明なので，小学校の場合には，役職や分掌の名称は
異なるかもしれない。しかし，基本的には同様の体制が組まれていると理解できるだろう。

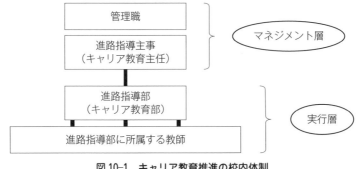

図 10-1　キャリア教育推進の校内体制

路指導主事などのキャリア教育担当者のリーダーシップが求められること
は，つとに指摘されてきたことである[4]。

📖 文部科学省や教育委員会との関係

　ところで，国レベルでは文部科学省（文科省）が，キャリア教育について
の目標や方針を定めたり，推進のための施策を展開している。都道府県およ
び市町村の教育委員会も，そうした文科省の方針に基づき，学校に対して指
導・助言を行ったり，教員のための研修を実施したりしている。

　とすると，各学校におけるマネジメント層によるキャリア教育の推進は，
こうした国や教育委員会の施策とはどういう関係に立つのだろうか。マネジ
メントと言いながら，「上意下達」のシステムにしたがって，国が決めた事
項をただ遵守して，その実行体制を整えるだけなのだろうか。

　この点を理解するためには，キャリア教育に限ったことではないが，教育
課程を決めるに当たって，国や教育委員会がどこまでの権限を持っているの
かを知っておかなくてはならない。

　端的に言えば，国は，法令に基づいて教育課程の基準を設定する。学習指
導要領を想起すればわかるが，国の権限は，どの学年に，どのような教科・

*4　例えば，中央教育審議会の「今後の学校におけるキャリア教育・職業教育の在り方につい
　　て（答申）」（2011 年）は，「効果的な実施のための体制整備」を築くためにまず重要なもの
　　として，「校長のリーダーシップ」を挙げている。

科目を設置し，どんな内容を学習するのか等についての基準設定である。都道府県および市町村教育委員会は，各学校における教育課程が，こうした基準に則っているかどうかを**管理**する。そして，学校は，具体的に**教育課程を編成**する。法令に基づいて国が定めた基準にしたがう必要はもちろんあるが，それを，学校の教育計画として具体的に編成する権限は，各学校が持っているのである。

　このことを，学習指導要領は，教育課程の編成についての方針を定めた「総則」において，以下のように明文化している。

> 　各学校においては，教育基本法及び学校教育法その他の法令……に示すところに従い，……適切な教育課程を編成する……

　キャリア教育の場合には，教科等におけるように，学習指導要領が教育内容をいちいち具体的に規定しているわけではない。子どもたちの「**社会的・職業的自立**」を促すという教育目的と，**キャリア・パスポート**の活用等が明示されているだけである。その意味で，教科等に比べると**各学校における裁量の余地**は大きいと言える。

📖 キャリア教育の組織体制をめぐる課題

　では，実際に，学校においては，述べてきたようにキャリア教育を推進する組織体制が十分に組まれているのだろうか。

　少し古いものではあるが，**学校内におけるキャリア教育の推進体制の実態**に迫るものとして，文科省による調査[*5]が存在している。現時点での学校現場の状況を直接的に示すものではなく，2013年の時点，つまりキャリア教育が開始され，ようやく現場での実施体制が安定しはじめた当時（第5章で述べたキャリア教育の「セカンド・ステージ」）の調査であるという点に注意する必要はある。とはいえ，現在の課題を考えるうえでも，十分に示唆的

[*5]　国立教育政策研究所　生徒指導・進路指導研究センター　「キャリア教育・進路指導に関する総合的実態調査　第一次報告書」　2013年

表 10-1　キャリア教育の推進体制

貴校には，キャリア教育の全体計画はありますか［学校調査］

	小学校	中学校	高等学校
1　計画がある	63.4%	81.3%	70.4%
2　計画はない	36.6%	18.7%	29.6%

キャリア教育の企画や全体計画等の作成を中心となって進める担当者の方は，校務分掌上，次のいずれに該当しますか［学校調査］

	小学校	中学校	高等学校
1　キャリア教育のみを担当している	1.5%	4.6%	9.1%
2　ほかの担当と兼務している	82.4%	93.4%	88.1%
3　担当者はいない	16.1%	2.0%	2.8%

貴校におけるキャリア教育の現状について，全校的な立場から「そのとおりである」と思うものを全て選んでください［学校調査］

	小学校	中学校	高等学校
キャリア教育に関する担当者を中心とする校務分掌組織が確立され，機能している	24.1%	48.7%	51.5%

である。

　まず，**キャリア教育の全体計画**を作成している学校の割合は，小・中・高校でばらつきがあるが，表 10-1 のような状況である。おそらく現在では，この数字はもっと高まっているとは推測されるが。

　次に，学校における**キャリア教育の推進の中心となっている教師**は，校務分掌上，どこに位置づくのか。表を見ると，キャリア教育のみを担当している者は，かなり少数派であり，**他の役割と兼務**している担当者が圧倒的に多い。（表には載せていないが）中身を詳しくみると，中・高校では，進路指導主事との兼任という回答も 6 割ほどはあるが，学年主任と兼任する教師も 3 割以上おり，教務主任や研究主任との兼任者もいる。一概には言えないが，なかなか厳しい状況ではある。

　最後に，こうした点も踏まえ，学校内に**キャリア教育についての組織的な推進体制**が確立されて（機能して）いるかを尋ねた質問に対しては，表にあ

るように，肯定的な回答は，中・高校においても 5 割前後でしかないもので
あった。

　その後，現在に至るまでに，兼務者の割合は減少してきた可能性も考えら
れるが，**キャリア教育のために特別な教員加配がなされているわけでもない**
ことを考えれば，現時点でキャリア教育の推進体制について抜本的な改善が
なされているとはにわかには想定しにくい。

　学校内におけるキャリア教育の推進体制に関しては，こうした点に課題が
残されていると考えられよう。

📖 キャリア教育における外部との連携

　さて，**誰がキャリア教育を担うのか**という問いに関する，学校内における
担い手をめぐる問題は，以上に述べたとおりである。しかし，ことキャリア
教育に関しては，キャリア教育の**広義の担い手**は，学校内だけではなく，学
校外にも存在している。

　もちろん，**キャリア教育における外部との連携**は，学校の教育活動として
取り組まれる以上は，あくまで**学校や教師の側が位置づける目的やねらい，
計画のもとに，学校や教師が主体となって実施され**なくてはならない。しか
し，同時に，外部との連携を上手に活用することによって，学校における
キャリア教育は，学校単独で取り組むよりもダイナミックな教育プログラム
を展開できたり，生徒たちにとって，**実社会とのつながりを強く意識できる
ような内容**を提供できたりすることも確かである。外部の専門機関や専門人
材と連携する場合には，その**専門性に基づく知識や体験，サービスの提供**等
を受けることもできる。

📖 キャリア教育における外部連携の対象と内容

　キャリア教育において，外部との連携を模索する際には，以下のような連
携の相手を想定することができる。

①保護者
②卒業生
③地域における事業所や企業等
④地方自治体
⑤ハローワーク，ジョブカフェ，地域若者サポートステーション等の公的
　な就労支援の機関
⑥キャリア教育の支援を行っている NPO や個人
⑦人材・教育系の企業

　それぞれ，どのような連携が可能だろうか。
　①**保護者**，②**卒業生**は，学校にとってもっとも身近な外部連携の相手であろう。**社会人（職業人）講話**の講師を依頼したり，上級学校に在学中の卒業生であれば，**進路選択の経験談**を話してもらうことなどが考えられる。そうした保護者や卒業生が，生徒たちにとっては，身近な「**キャリア・モデル**」となることも期待できるだろう。
　③**事業所や企業等**は，学校が**職場体験やインターンシップ**を実施する際には，生徒の受け入れ先として不可欠な連携相手である。事業所や企業等に受け入れてもらえなければ，そもそも職場体験もインターンシップも成立しない。もちろん，職業人講話の講師の派遣や，**職業人インタビュー**の受け入れなどを依頼する相手にもなる。
　④**地方自治体**は，学校側が職場体験やインターンシップ等の受け入れ先を開拓する際，あるいは「**地域課題解決学習**」型のキャリア教育（トピック１を参照）を展開しようとする際，**地域の資源や人材と学校をつなぐコーディネーター的な役割**を果たしてくれることを期待できる対象である。
　⑤**ハローワーク等の公的機関**は，就職における需給調整や就労支援のための公的な機関であるという専門性を生かし，**働くことや職業についての理解，労働法（ワークルール）**等をテーマとしてキャリア教育に取り組む際には，講師派遣などを依頼できる相手である。就職希望者を抱える高校であれば，生徒の**進路選択と就職活動の支援**において**キャリア・カウンセリング**（トピック10を参照）を依頼するなどの連携を探る対象にもなる。

⑥NPOや個人[*6]のなかには，**学校と企業等をつなぐコーディネーター**の役割をしたり，**自ら開発したキャリア教育プログラム**を活用して，学校内でキャリア教育を実施しているところがある。学校側からしても，NPOや個人の活動が自分たちの目的やねらいに沿ったものであるならば，格好の連携相手となるだろう。

⑦企業も，キャリア教育についての**情報，教材やプログラムの提供**などを行っているところがある。これらも，学校側での位置づけしだいではあるが，キャリア教育の実施のうえでの連携対象となろう[*7]。

📖 外部連携のメリットとデメリット

すでに述べたように，学校が外部と連携しながらキャリア教育に取り組むことには，学校単独ではできないような内容の斬新さや実践上のダイナミックな仕掛けを設定できる，生徒には実社会に近いところでの学習を提供できる，といったさまざまな**メリット**がある。また，**多忙化をきわめている現在の教師たち**が，自前でキャリア教育の新たな取り組みに向かうことには，時間的にも，労力を割けないという意味でも，おのずと限界が待ち構えている。外部との連携は，そうした限界を突破していくきっかけとなることも期待される。

しかし，メリットの反面，キャリア教育における外部連携には，覚悟しておくべき**デメリットや注意点**も存在する。

外部連携する相手は，**学校教育の仕組みや生徒たちの日常を熟知しているわけではない**ので，必ずしも生徒の実態に応じた適切な講話や教育プログラムを提供してくれるとは限らない。また，外部連携には，ことのほか**連絡・調整のための手間や時間**がかかる。プログラムや教材提供，講師派遣などに伴う**コスト（費用）** が発生することも想定される。

---

*6　多くは，人事部での勤務経験が長かったり，人材や教育系の企業経験があるといった個人であるが，国家資格の「キャリアコンサルタント」や経済産業省の「キャリア教育コーディネーター」資格などを有していることも多い。

*7　経済産業省が2010年度より実施している「キャリア教育アワード」では，こうした連携において優れた取り組みを行ってきた企業や団体等が，毎年表彰されている。

さらに，公的機関はともかく，連携相手が企業等である場合には，**学校教育の公共性**との関係で，学校や教師の側が注意を払うべき点も少なくない。例えば，学校が企業と連携して実施したキャリア教育の取り組みが，結局のところ，その企業が提供する商品やサービスの宣伝を目的としたものになってしまうような事態は避けなくてはならない。

そして，連携相手が誰であろうとも，いかに優れたプログラムの提供を受けようと，キャリア教育の実施に関して，学校側が「**丸投げ**」や「**お任せ**」の姿勢になってしまうと，端的にそれは，教育の放棄になってしまうだろう。

📖 外部連携も組み込んだキャリア教育のカリキュラム・マネジメント

結局，求められるのは，**学校の側の主体性**である。

外部連携によって取り組むキャリア教育のプログラム等についても，**何をねらいとして，何のために外部と連携して取り組むのか**等を，学校の**キャリア教育の全体計画や年間指導計画**のなかに落とし込んで実践していく必要がある。そして，一度実施したら，前例踏襲で翌年も継続するといった構えではなく，外部連携によるキャリア教育の結果についてきちんと点検・評価を行い，以後の改善に（必要な場合には，連携の見直しを含んで）つなげていかなくてはならない。

カリキュラム・マネジメントの考え方には，キャリア教育の内容や方法に関してPDCAのサイクルを回すだけではなく，キャリア教育を実施するための人的資源の有効な活用も含まれるはずである。その意味で，外部連携を組み込んだ，学校教育全体を通じたキャリア教育のカリキュラム・マネジメントに，学校がどう主体的に取り組むのかが問われていると言える。

📖 第 10 章のポイント

① 学校におけるキャリア教育は，管理職と進路指導主事（あるいは，キャリア教育主任など）がマネジメントを行い，校務分掌としての進路

指導部（あるいは，キャリア教育部など）の教師を中心とした全教師が，生徒に対する実際の指導を担うという組織体制のもとに運営される。

2　キャリア教育に関する教育課程は，国による基準設定や教育委員会による管理を受けつつも，各学校が幅広い裁量権を持って編成する。

3　キャリア教育は，外部の専門機関や人材とも連携しつつ行われるが，そこにはメリットもデメリットも存在する。キャリア教育全体のカリキュラム・マネジメントを実現していく学校の側の主体性が重要である。

社会人経験のない教師に
キャリア教育ができるのか

　キャリア教育に関して，「そもそも**社会人経験のない教師に，キャリア教育ができるのか**」という声を聞くことがある。言っている本人に悪意はないかもしれないが，現在のキャリア教育のあり方に対して，そして現職の教師たちに対して，疑問や批判的な意見を投げかけていることは確かである。

　しかし，その言明は妥当なのだろうか。教師がキャリア教育を担うのは，そもそも無理なことなのか。実は，こうした言明には世間の側のキャリア教育に対する理解の浅さが見え隠れするという側面もあるように思われる。以下，この問題について考えてみたい。

📖 教師には「社会人経験」がないのか

　「社会人経験のない教師に，キャリア教育ができるのか」という主張について考えるとき，まずもって確認しておくべきことがある。「**社会人経験のない教師**」という表現は，そもそも妥当なものなのか。

　教職はれっきとした 1 つの職業であり，教職に就いている**教師は立派な社会人**である。この点に疑問を挟む者は，およそ存在しないだろう。とすれ

ば，その教師に対して「社会人経験がない」と指摘するのは，本来的にはおかしな話なのである。まずは，この点をきちんと認識しておく必要がある。

　ただし，先のような言明の主張者が言いたいのは，おそらくは「教師は，社会人ではない」ということではない。そうではなくて，**教師には，教職以外の社会人経験がない**」ということであろう。

　あけすけに言ってしまえば，ここで言う「社会人経験」とは，端的に，**民間企業での勤務経験**のことを指している。子どもたちの大多数は，学校卒業後に教職に就くわけではなく，民間企業に就職する。先の言明は，そうした民間企業の世界を知らない教師たちに，はたしてキャリア教育ができるのかということを問うているのであろう。

📖 社会人（民間企業）経験のある教師

　これまで教師たちは，大学を卒業した後，すぐに教職に就く者が圧倒的であった。その意味で，教師たちが，かつては生徒や学生の立場として，その後は職業人として，ずっと**教育界の内部で過ごしてきた**ことは間違いない。そうしたキャリア経験のゆえに，教師たちの視野は狭く閉ざされがちであり，現実社会とのあいだにギャップが生じてしまうといった指摘は，キャリア教育の登場よりもはるかに以前から存在していた。

　そうした指摘を受けて，教育界においても，**教師のなかに社会人（民間企業）経験者を増やそうとする動き**が活発になり，教職免許を持たない者を校長や教頭に登用する「**民間人校長**」（2000年度より施行）や「**民間人教頭**」（2006年度より施行）が制度化された。また，都道府県においても，**教員採用において，社会人経験のある者を優遇する措置**などがとられてきた。ただ，その結果はどうかと言うと，現時点（2021年）で，公立学校の教員採用試験における民間企業等の経験者の割合は，表T9-1のようになっている[*1]。

＊1　文部科学省「令和4年度（令和3年度実施）公立学校教員採用選考試験の実施状況」2022年

表 T9-1　公立学校の教員採用試験における民間企業等の経験者の割合

小学校	中学校	高　校	計
2.6%	3.3%	6.3%	3.6%

　教師の多忙化が社会問題としても注目され，教職が「**ブラック労働**」であるかのような言説がはびこってしまった現状もあり，この数値は，減少することはあっても，決して増えてきてはいないし，今後もそうは増えそうにない。絶対数から考えて，教員世界において，民間企業の勤務経験者が圧倒的に少ないのは事実である。

📖 教師にキャリア教育はできないのか

　そうだとすると，教育界だけで育ってきた教師には，キャリア教育はできないのだろうか。

　この問いに答える前に，そもそも民間企業での勤務経験とは何なのかということを確認しておきたい。**民間企業での勤務経験を踏まえて，学校で行われるキャリア教育に従事している社会人**は，確かにいる。しかし，そうした経験は，実はせいぜい1つか2つの業界における，1つか2つの企業での勤務経験でしかないことが圧倒的であろう。あらゆる業界のあらゆる企業での勤務経験がある者などは，現実には存在しない。しかも，そうした人たちには，逆に公務員や教師としての勤務経験はない。

　とすれば，民間企業の経験者は，キャリア教育において，何ゆえに教師よりもアドバンテージが高いとされるのか。穿った見方をすれば，そこには大した根拠などなく，それは，ある時期以降ずっと繰り返されてきた「**学校たたき**」や「**教師バッシング**」の一環でしかないのではないかとも思えてくる。

　ただ，にもかかわらず，世の中には「**教師にはキャリア教育を任せられない**」と言わんがばかりの言説が，ある意味では根拠もなく溢れている。重大なのは，少なくない教師たち自身も，そうした言説を内面化してしまっているのではないかということである。

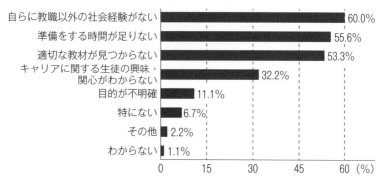

図 T9-1　キャリア教育を行う際の懸念点（複数回答）

　図 T9-1 は，中学校でクラス担任をしている 20〜30 代の若手教員を対象としたアンケート調査[*2] の結果の一部である。

　キャリア教育を行う際の懸念点を尋ねたところ（複数回答可），その回答には，驚いたことに，「準備時間の不足」や「適切な教材がない」といった選択肢を抜いて，最上位で「自らに教職以外の社会経験がない」が挙げられているのである。

　本当に問題なのは，教師の社会人経験の有無というよりは，「教師にはできない」という社会の空気感のなかで，**教師たち自身がキャリア教育への自信を持てなくなってしまう**ことなのではなかろうか。

📖 キャリア教育の実践者とコーディネーター

　民間企業の勤務経験の有無にかかわらず，あらゆる職業を経験し，その内容を熟知している者などいるはずがない。そうであれば，キャリア教育の取り組みにおいて重要なのは，**自らの経験知が及ばない世界**があることを当たり前の前提として，経験知が及ばないことをどう補うかの術を身につけていることであろう。その意味では，あえてこういう言い方をするが，**教育の専門家である教師に，キャリア教育ができないわけがない。**

＊2　グローバルプロデュース　「『中学校のキャリア教育』に関する実態調査」　2021 年

　ただし，その場合，教師がキャリア教育を担う方法には，2つの立場があることを認識しておく必要がある。

　1つは，**実践者としての立場**である。学校の教育課程を通じて「**広義のキャリア教育**」を担うのは，専門職である教師をおいて他にはいない。それだけではなく，「**狭義のキャリア教育**」においても，生徒の自己理解を促したり，将来設計を考えたりするような学習においては，教師としての専門性を生かした実践の展開が十分に可能だろう。

　他方，**教師としての専門性では必ずしもカバーしきれない**領域，あるいは**外部連携などによるサポートを受けるほうが，より効果的な学習が可能となる**領域もあるだろう。その場合には教師は，もう1つの立場である，**コーディネーターの立場**を引き受ければよい。

　「狭義のキャリア教育」において，職業理解や職場の実態，働き方などにかかわる学習を組織する際には，教師は，自らが「教える」立場を引き受けなくとも，さまざまな教材や外部の専門機関・人材との連携を通じて，**生徒と「社会」を出会わせるコーディネーターとしての役割**に徹すればよい。そうしたコーディネーターに徹することも，立派なキャリア教育の担い方である。いつ，どのようなタイミングで，どんな「社会」と生徒を出会わせるのか，このこと自体がまぎれもない教育の営みであろう。

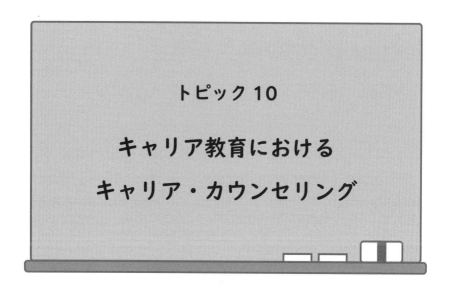

トピック 10

キャリア教育における
キャリア・カウンセリング

　キャリア教育を誰が担うのかという問題を，外部連携の問題を含めて考察する際には，これまで述べてきた論点とは別に，キャリア教育としての「**キャリア・カウンセリング**」をどう位置づけるのか，キャリア・カウンセリングを誰が，どう担うのかという問題もある。

　以下に，何が論点となるのかをスケッチしておきたい。

📖 キャリア・カウンセリングとは？

　学校におけるキャリア・カウンセリングについて，文部科学省（文科省）の調査研究協力者会議は，以下のように定義している[*1]。

> 　[キャリア・カウンセリングとは（——引用者）] 子どもたち一人一人の生き方や進路，教科・科目等の選択に関する悩みや迷いなどを受け止め，自己の可能性や適性についての自覚を深めさせたり，適切な情報を

---

*1　キャリア教育の推進に関する総合的調査研究協力者会議 「報告書——児童生徒一人一人の勤労観，職業観を育てるために」 2004 年

> 提供したりしながら，子どもたちが自らの意志と責任で進路を選択することができるようにするための，個別またはグループ別に行う指導援助である。

　要するに，子どもたちが自らの**進路を選択**できるようになるために，一人一人を**受容**し，**自己理解**を促し，適切な**情報を提供**したりする支援が，キャリア・カウンセリングである。

　ただ，これまでも学校では，進路指導の一環として「**進路相談**」（個人面談や三者面談など）が行われてきたはずである。では，進路相談とキャリア・カウンセリングでは，その内容に本質的な違いがあるのだろうか。

　結論的に言ってしまえば，両者のあいだに本質的な違いはない。ただし，キャリア・カウンセリングの場合には，①「**キャリア発達**」の視点をより意識し，**生涯にわたるキャリアという時間軸**で子どもたちを理解しようとする点，②指導・援助の技法として，**カウンセリングの技法**が意識される点，において若干の強調点の差があるとも言える。

📖キャリア・カウンセリングは誰が担うのか

　それでは，学校におけるキャリア・カウンセリングは誰が担うのだろうか。この点については，**文科省の立場は，やや揺れている**ように思われる。

　先にも引用した調査研究協力者会議の報告書[*2]（2004 年）では，以下のように述べられている。

> 　キャリア・カウンセリングには，カウンセリングの技法，キャリア発達，職業や産業社会等に関する専門的な知識や技能などが求められることから，こうした専門性を身に付けた教員を養成していく必要がある。また，基本的なキャリア・カウンセリングについては，すべての教員が行うことができるようになることが望まれる。

[*2]　キャリア教育の推進に関する総合的調査研究協力者会議　「報告書——児童生徒一人一人の勤労観，職業観を育てるために」　2004 年

　ここで言われれているのは，要するに，**教員研修**を通じて，教師に**キャリア・カウンセリングの知識やスキル**を身につけさせ，校内の**教師集団のなかからキャリア・カウンセリングの担い手を育成**していこうとする路線である。

　ただし，その際には，キャリア・カウンセリングの**基礎的レベル**は，すべての教師にその習得を求め，**専門的レベル**は，中心となる教師にその習得を求めるという二段構えの体制が想定されていると言える。

　ところが，その後の中央教育審議会（中教審）の答申（2011 年）には，以下のような記述を見つけることもできる[*3]。

> 　児童生徒の個別支援のためには，キャリア・カウンセリングも有効である。このようなカウンセリングは，専門人材を学校へ配置することが考えられる……

　ここで指摘されるのは，教師集団のなかから，キャリア・カウンセリングの中心となる担い手を育成するのではなく，**外部から専門人材を学校に派遣する**という路線である。

　政策としての揺れは，明らかなのではないか。おそらく，キャリア・カウンセリングの基礎については，すべての教師にその習得を求めるという点に揺らぎはない。「**カウンセリング・マインド**」や「**傾聴**」の技法などを学んでいることは，今後はすべての教師にとって不可欠な資質・能力となろう。

　問題は，その先にある。基礎的レベルではなく，専門性を発揮すべきキャリア・カウンセリングを担うのは，教師のなかから育成された人材なのか，それとも，外部から派遣される専門人材なのか。実は，文科省の施策としてはこれまでも，教師向けのキャリア・カウンセリングの専門的研修も，外部から専門人材を学校に派遣する試行的な事業も，ともに実施されてきたのである。

---

*3　中央教育審議会 「今後の学校におけるキャリア教育・職業教育の在り方について（答申）」 2011 年

📖教師，専門人材のそれぞれが担うメリットとデメリット

そもそも，学校におけるキャリア・カウンセリングを教師が担う場合と，外部から派遣される専門人材が担う場合とでは，それぞれどのようなメリットとデメリットがあるのだろうか。

まず，教師が担う場合。日々，生徒に接している教師が担うがゆえに，**生徒の実情をよく知り，学校のこともわかっている**点は，明らかなメリットであろう。また，常勤の教師であるがゆえに，生徒が**いつでも相談できる**といった利点もある。

反面，教科指導等も行う教師であるがゆえに，生徒にとっては逆に相談がしにくい，外部から派遣されるカウンセラーのようには「**守秘義務**」を果たしにくいといったことも考えられる。これらの点は，やはりデメリットであると考えるべきであろう。また，**教師の負担が増える**ことも想定され，現在進められている「教員の働き方改革」とは逆行してしまうおそれもある。

では，専門人材が担う場合はどうか。何より**専門性を生かした支援**ができる点，**評価や成績などとは無関係**な外部の人間であるがゆえに，生徒が相談しやすいといった点は，メリットになるだろう。

反面，生徒や学校の実情に詳しくはなく，**学校に常駐できるわけではない**点，他の教師との連携が取りにくい点などは，デメリットになることも想定される。

📖学校におけるキャリア・カウンセリングのゆくえ

近年の教育政策においては，「**チーム学校**[*4]」という考え方が打ち出されている。子どもたちの指導や支援の役割は，教師だけが担うのではなく，**図書館司書，看護師，スクール・カウンセラー，スクール・ソーシャルワーカー，部活指導員**などの専門スタッフと連携・協働しつつ，チームとして担っていくというものである。

[*4]　中央教育審議会　「チームとしての学校の在り方と今後の改善方策について（答申）」2015年

　なぜ，「チーム学校」が求められるのかと言えば，学校や教師が指導・支援の「**抱え込み**[*5]」に陥ってしまうと，教師たちに過剰な負担がかかるだけでなく，適切な指導・支援をしにくくなるからである。逆に，専門スタッフとの「**開かれた連携**」によってこそ，子どもたち一人一人のニーズに沿った適切な支援が可能になるからでもある。そうであれば，こうした「**チーム学校」の一員に，キャリア・カウンセラーなど，学校におけるキャリア・カウンセリングを中心的に担う専門人材が加わる**ことも十分に考えられるだろう。

　とはいえ，**財政面の問題**まで考えれば，キャリア・カウンセラーが，全国の学校すべてに常駐する体制が実現するとは，にわかには想定できない。その意味では，今後とも学校におけるキャリア・カウンセリングは，主として教師が担っていくことになるのだろう。しかし，それだけにとどまるのではなく，可能な範囲で，そこに派遣されるキャリア・カウンセラーを適切に組み合わせる体制が構築され，「チーム学校」としての支援が，効果的に機能するようなマネジメントがなされていくことが望まれよう。

[*5]　児童生徒の問題行動等に関する調査研究協力者会議　「学校の『抱え込み』から開かれた『連携』へ──問題行動への新たな対応（報告）」　1998 年

第Ⅴ部
キャリア教育──未来へ

第11章

日本の学校とキャリア教育のゆくえ

　最後に，第Ⅴ部では時間軸を先に延ばして，キャリア教育の今後（未来）について考えてみたい。

　これまでの章では，**キャリア教育の概念**を明らかにし，**歴史**を振りかえり，キャリア教育の**内容と方法**，**評価**について概観し，学校におけるキャリア教育の**推進体制**について考えてきた。ここまでの考察で，キャリア教育のあり方については，私自身の視野の狭さや力量の不足はあるかもしれないが，いちおう体系的かつ包括的に明らかにしてきたつもりである。

　しかし，第1章から第10章，そして各章に挟まれた10個のトピックにおける考察は，必ずしも明確に意識していたわけではないが，言ってしまえば，**これまでの日本型の学校教育のかたち**を当然の前提として，それが今後も継続していくことを前提に論述してきた。おそらく少し前までであれば，こうした姿勢で，まったく問題などなかったはずである。

　だが，現在では，状況が大きく異なってきている。このあと詳しく説明するが，これまでの学校教育のかたちは大きく揺さぶられている。現在では，**文部科学省（文科省）を脇役に退けつつ，政府や首相官邸，内閣府，経済産業省（経産省）などによる教育改革**が推進されつつあり，これまでの日本型

の学校教育のかたちを改変しようと模索しているからである[*1]。

こうした教育改革を通じて，近い将来には**日本型の学校教育が変容していく**のであれば，そのことは，当然のことであろうが，**キャリア教育のあり方をも変えていく**可能性が強い。

本書の締めくくりとなるこの章では，以上のような政策的文脈を踏まえつつ，これからの**学校とキャリア教育のゆくえ**について考えてみたい。

📖「令和の日本型学校教育」の構築

コロナ禍にあった 2021 年 1 月，中央教育審議会（中教審）が出した答申[*2]は，そのタイトルにも教育関係者の注目が集まった。「『令和の日本型学校教育』の構築を目指して」が，それである。「令和の」という修飾語こそ付いているものの，何を今さら「**日本型学校教育**」だったのだろうか。

いや，そうではなく，中教審やその背後にある文科省にとっては，今だからこそ日本型学校教育を持ち出し，**今後とも継承すべき日本的な学校教育の利点**を称揚しておく必要があったのである。そのことこそが，**今日の文科省（教育政策）が置かれた**（正確に言えば，押し込まれた）**ポジション**を象徴していると言える。

では，そもそも「日本型学校教育」とは，何なのか。答申には，以下のような記述がある。

> 日本の学校教育はこれまで，学習機会と学力を保障するという役割のみならず，全人的な発達・成長を保障する役割や，人と安全・安心につながることができる居場所としての福祉的な役割も担ってきた。

つまり，学校が「**学習指導**」のみならず「**生徒指導**」や「**福祉的な役割**」

＊1　拙稿　「Society5.0 に向けた教育『改革』の現在地」　民主教育研究所年報 21 号『コロナパンデミックと教育』　2021 年，を参照。

＊2　中央教育審議会　「『令和の日本型学校教育』の構築を目指して——全ての子供たちの可能性を引き出す，個別最適な学びと，協働的な学びの実現（答申）」　2021 年

を果たすことを通じて，子どもたちの「**知・徳・体**」を一体的に育んできた
こと。それが，「日本型学校教育」の特質であるとされる。そうした日本型
学校教育は，全国レベルでの**教育水準**の維持，子どもたちに保障される教育
の**平等**，そして「**全人教育**」の実現といった点で，諸外国からも高く評価さ
れてきたというのである。

　「**令和の日本型学校教育**」は，こうした伝統的な日本型学校教育の良さを
継承しつつも，ICT（情報通信技術）の活用や「**教育 DX**[*3]」の推進という点
では，**時代の変化に対応した学校教育**を実現していこうとする。だからこ
そ，それは，新たに「構築」をめざすものと位置づけられるのである。

　答申に描かれた，そのための学校教育改革の具体的な施策については，こ
れ以上は深追いしないことにする。ただし，確認しておきたいのは，この期
に及んで文科省が，「日本型学校教育」などという「古証文」を持ち出して
きた背景には，**現在の教育改革の進展のなかで，日本型学校教育のかたちが
崩されてしまいかねない**という点への強い「危機感」が存在したということ
である。

　文科省は，なぜそのような危機感を抱いたのか。そのことを理解するため
には，これまで，（言ってしまえば）**文科省の頭越しに展開されてきた今日
の「教育改革」をめぐる政策動向**を押さえていく必要がある。

📖 Society5.0 という未来社会像

　ここ数年の教育政策の立案プロセスにおいて，それ以前からの明らかな転
換が生じたのは，2016 年から 2017 年にかけて，「**Society5.0**」**の実現が国家
戦略に位置づけられ，そのための教育・人材育成の役割の重要性**が指摘され
て以降のことである。

　Society5.0 は，2016 年の「**第 5 期科学技術基本計画**」で初めて登場した概
念であるが，その後，第 2 次安倍政権のもとでの**アベノミクス**と合流し，

---

*3　教育のデジタル・トランスフォーメーション。教育をデジタル化するだけではなく，デジ
　タル化を通じて教育のあり方を変革すること。デジタル化を加速させ，デジタル庁の設置
　（2021 年）を促した菅政権以降に使われるようになった。

表 11-1　Society5.0 とは？

Society1.0	狩猟社会
Society2.0	農耕社会
Society3.0	工業社会
Society4.0	情報社会
Society5.0	超スマート社会

「**未来投資戦略 2017**」や「**経済財政運営と改革の基本方針 2017**」に位置づけられた。単純化すれば，表 11-1 にあるように，人類社会の変遷を 5 つの段階の発展（バージョンアップ）として把握するものであり，現在は「情報社会」に位置づけられる。そして，近未来に実現する Society5.0 においては，「**経済発展と社会的課題の解決を両立する，人間中心の社会**[*4]」が実現するとされるのである。

　本当にそんなバラ色の社会が実現するのかどうかについては，今は脇に置いておく。重要なのは，Society5.0 とは，**ICT** や **IoT**（すべてのモノがインターネットにつながる），**ビッグデータ**，**ロボット工学**などの最新テクノロジーが高度に発展した社会であり，**教育分野を含むあらゆる社会領域において，そうした最新テクノロジーがフル稼働する社会**として位置づけられているという点にある。

📖 Society5.0 に向けた教育改革の構想

　具体的には，Society5.0 において，教育はどのように変わるのだろうか。**近年の Society5.0 型の教育の実現**に向けた政策動向を年表にまとめてみると，表 11-2 のようになる。

　注目すべき点が 3 つある。1 つめは，こうした政策動向の方向性について，全般的な「お墨付き」を与えたのは，第 2 次安倍政権のもとに設置された**教育再生実行会議**であったという点である。2 つめは，教育再生実行会議

---

*4　内閣府のサイト（www8.cao.go.jp/cstp/society5_0/）

表 11-2　Society5.0 関連の政策

2018 年　6 月	文科省「Society5.0 に向けた人材育成——社会が変わる，学びが変わる」
2018 年　6 月	経産省「『未来の教室』と EdTech 研究会　第 1 次提言」
2019 年　5 月	教育再生実行会議「技術の進展に応じた教育の革新，新時代に対応した高等学校改革について（第 11 次提言）」
2019 年　6 月	文科省「新時代の学びを支える先端技術活用推進方策（最終まとめ）」
2019 年　6 月	経産省「『未来の教室』ビジョン——『未来の教室』と EdTech 研究会第 2 次提言」
2019 年 12 月	「GIGA スクール構想」

　の提言以前に，Society5.0 型の教育についての具体的な政策立案をリードしたのは，実は文科省ではなく，経産省であったという点。3 つめは，学校現場を賑わせた「**GIGA スクール構想**[*5]」も，文部科学大臣の名前で出されたものではあるが，構想を実質的に企画し実現に漕ぎつけたのは，経産省の力によるところが大きかったという点である[*6]。

　要するに，Society5.0 以降の教育政策は，**文科省の頭を飛び越えたところ**で構想されていた。なぜ，そんなことになるのか。**教育政策なのに，なぜ経産省が踊り出てくるのか**と言えば，それこそが，いわば Society5.0 のいわば「お約束」なのである。

　——Society5.0 とは，教育分野においても最新テクノロジーが跋扈（ばっこ）する社会であり，最新テクノロジーを開発し，実際に駆動させるのは，**民間企業**である。そうであれば，民間企業をたばねる経産省こそが，Society5.0 下の教育政策の担い手としてふさわしいのだ，ということである。

　こうした改革の方向性は，公教育の領域に民間企業によるサービスを導入すること，つまりは**公教育の市場化**を志向しており，それは，**経済界**や成長戦略を模索する**政府**からも歓迎されている。

＊5　子どもたちに 1 人 1 台の端末を配布し，日本中の学校を高速インターネットに接続するという構想。2019 年度の補正予算で実現したが，コロナ禍の到来によって，2020 年度補正予算では，計画全体が前倒しで実施された。

＊6　浅野大介・井上義和「なぜ経産省は教育に乗り出したのか」『中央公論』2021 年 12 月号，を参照。

経産省による「未来の教室」事業

それでは，経産省が構想する Society5.0 型の教育とは，どんなものなのだろうか。単純化を覚悟で言えば，それは，学びの「個別最適化」と「STEAM 化」の 2 本柱で，教育の近未来を構想している。

まず，教科学習に関しては，**AI ドリル**[*7] を駆使しつつ，子どもたちはそれぞれ**個別に，自らの理解度と進度に応じて**，教科内容を自学自習していくことになる。結果として，各教科の学びは，一人一人に個別最適化され，学習の効率も高まるとされる。まさしく **EdTech**[*8] の独壇場であるかのように描かれる。

他方，AI ドリルによって教科学習が効率化され，そのために余裕のできた時間は，企業が開発した **STEAM 教材**を活用した探究学習に充てられる。STEAM 教育とは，Science（科学），Technology（技術），Engineering（工学），Art（芸術・リベラルアーツ），Mathematics（数学）を組み合わせて，教科横断的・探究的に学ぶものである。STEAM 教育においては，民間教育産業だけではなく，産業界全体が（教材開発を通じて）子どもたちの探究学習を支えていくことが構想されている。

経産省は，こうした近未来の教育像を「**未来の教室**」と表現しているが，「未来の教室」事業は，単なる机上のアイデアではない。2019 年度以降は，学校現場での AI ドリルの活用の試行，企業による STEAM 教材の開発，**個別指導計画**の開発，**民間企業による教員研修**など，**補助金に基づく実証事業**を積み重ねてきているのである。

学校の解体か，機能の拡張か？

注意しておくべきは，経産省による Society5.0 型教育の構想である「未来

---

*7　AI の解析機能を通じて，一人一人の子どもの理解度やつまずき，進度に応じた解説動画や演習問題などを提示していく学習用のアプリケーション。

*8　Education（教育）と Technology（技術）を掛け合わせた造語。技術による教育のイノベーションが意図されている。

の教室」事業は，**これまでの日本型学校教育のかたちを解体させていく契機を確実に秘めている**という点にある。

AIドリルによる教科学習は，**一斉授業**という伝統的な授業形態を退ける。子どもたちは，1人1台の端末さえ持っていれば，必ずしも**教室**で学習する必要さえない。一人一人のペースで学ぶので，**標準授業時数**などはナンセンスとなる。**学年**という敷居さえもなくなっていく。何より大きく変わるのは，**教師の役割**である。教師は，教える人ではなく，子どもたちを励ましたり，学習の進捗管理を図ったりする役割を担う人になるのである。

STEAM教材を用いた探究学習においても，子どもたちは教室を飛び出して学ぶことができる。また，オンライン等を通じて**教師以外の専門家**とつながって学ぶことも可能になる。そこに教師が関与するとしても，その役割は，STEAM教材の側が設定している**学習デザイン**に，大きく規定されることになるだろう。

確かに，経産省による「未来の教室」は，**子どもたちが自らの学びをデザインできるような選択肢や自由**を与え，学校だけではなく，産業界を含めた**社会全体が子どもたちの学びの場となり，学びを支援していく**枠組みをつくろうとする。ある種の可能性や魅力を感じさせるものである。

反面，それは，これまで以上に**子どもたちのあいだの学習意欲や学習成果の格差を生み，専門職としての教師を排除し，市場ベースでの民間企業によるサービスが溢れる，平板で表面的な教育空間**をつくりだしてしまう危険性も秘めている。

だからこそ，先に紹介したように，文科省は「令和の日本型学校教育」の構築の必要性を主張し，経産省の「未来の教室」が描くような**学校の解体**の方向性ではなく，これまでの学校教育のかたちを維持したうえで，時代の変化に応じた**学校の機能の拡張**をめざそうとするのである。もちろん，こうした文科省の構想に対しては，現状でさえ膨れあがった役割や課題であっぷあっぷしている学校が，これ以上の「**抱え込み**」をして大丈夫なのか，どう考えても，**教師の多忙化**に拍車をかけ，**過重労働**を強いてしまうのではないかという危惧はあるわけであるが。

📖 文科省と経産省——せめぎあいのゆくえ

　見てきたような意味で，Society5.0 に向けた教育改革の構想において，文科省と経産省の立場は，明らかに異なっている。両者の**せめぎあい**は，どこに落ち着くのだろうか。根拠のない想像を膨らませても仕方がないが，今後における教育改革のゆくえを予感させる材料はすでに存在している。

　2022 年 6 月，**内閣府の総合科学技術・イノベーション会議**は，教育に関する政策提言[*9] をまとめた。この政策提言が作成された背景には，教育改革をめぐる文科省と経産省の対抗とせめぎあいを，政権レベルで調整・統合していこうとする意図が存在していた。

　提案された政策の 1 つは，「子供の特性を重視した学びの『時間』と『空間』の多様化」である。そこでは，**子どもたちの多様化**を前提とすれば，「紙ベースでの一斉授業は限界」であるとされ，「ICT を活用した」新たな学びが求められるとされる。そのために，学校は，図 11–1 に示すような改

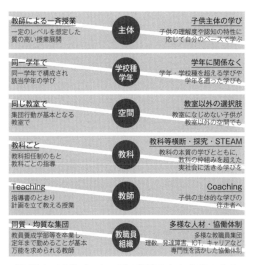

図 11-1　政策パッケージで提案された教育の未来

＊9　総合科学技術・イノベーション会議　「Society5.0 の実現に向けた教育・人材育成に関する政策パッケージ」　2022 年

革が必要であると説かれている。

　図の左側が「現状」であり，右側が「めざすべき改革」である。一見してわかるように，政策提言が示している方向性は，経産省の「未来の教室」事業の構想と，かなりの程度まで親和的である。学校という制度は今後も残っていくとしても，そこでの**学校のかたち**は，これまでの「日本型学校教育」からは大きく変容していくことが見込まれるのではなかろうか。

📖 キャリア教育はどこへ

　文科省と経産省のせめぎあいの様相を呈する現在の教育改革は，最終的には，どのようなかたちで決着するのか。もちろん，誰にも予想はできないが，しかし，一定の方向性が見えつつあることも確かであろう。——単純化を覚悟で言ってしまえば，これまでの**日本型学校教育のかたち**は，緩やかに**解体**していき，**教育の機能**は，学校から社会全体へと溶け出していく。そして，**教育の担い手**も，専門職である教師だけではなく，民間企業やICT・AIなどへと裾野を広げていくのではなかろうか。

　こうした**Society5.0型の教育**の実現と**教育DX**の進展を前提にすると，キャリア教育は，今後どうなっていくのだろうか。考えておくべき問いが，3つほどある。——第1は，将来の教育においても，**キャリア教育は必要とされるのか**。第2は，将来においても，**キャリア教育**は，**学校で取り組まれるのか**。第3は，**誰がキャリア教育を担うのか**，である。

　第1の問いに関して，子どもたち自身が**自分の学びをデザインする**ことが主力になる将来の教育においては，自らの生き方に関する情報収集や体験活動等も独力でこなし，キャリアを自律的に設計していく子どもが増えてくるのかもしれない。しかし，すべての子どもがそれを実現できるわけではあるまい。おそらく，世の中から**キャリア教育の機能そのものが不要になったりはしない**だろう。

　では，第2の問いになるが，将来のキャリア教育は，学校で行われるのか。学校で実施される取り組みが消滅するわけではないかもしれないが，**キャリア支援や教育に関するさまざまな民間サービス**が提供されるようにな

るだろう。学校がオンライン経由で提供される民間サービスを活用したり，子どもが保護者とともに，家庭でそうしたサービスに取り組むといったことも想定される。**AI がキャリア・カウンセラーの役割を果たす**といったことも，荒唐無稽な想像ではなかろう。

とすると，第 3 の問いであるが，キャリア教育の担い手としては，**AI も含めて，教師以外のさまざまな担い手**が登場してくるのだろう。第 10 章で論じたように，学校で取り組まれるキャリア教育においても，外部との連携は必須であった。将来においては，これがさらに拡張していく。逆に言えば，教育の**専門職である教師にしか担えないキャリア教育とはどの部分なのか**を，真剣に考えなくてはいけなくなるのである。

結局，近未来の教育においても，おそらくキャリア教育はなくならない。しかし，学校教育と学校外のサービスのどちらで取り組まれるのか，教師と教師以外の担い手のどちらがキャリア教育を担うのかといった点については，両者の最適なバランスやハイブリッド（組み合わせ）が追求されることになるのではなかろうか。

ただ，どちらにしても，私たちにとって**重要なのは，子どもたちの学習と成長・発達をどう保障できるか**である。旧来型の**日本型学校教育のかたちや教師の専門性を墨守する**ことを自己目的にするわけにはいかない。この点を肝に銘じつつ，来るべき教育の将来に向き合っていく必要があろう。

📖 第 11 章のポイント

1. Society5.0 に向けた教育や教育 DX をめざす近年の教育改革は，文科省というよりは，政府や内閣府，経産省などによって構想されており，これまでの学校教育のかたちを崩していく契機を有している。

2. 文科省は「令和の日本型学校教育」の構築を主張して抵抗するが，経産省の「未来の教室」事業に対して，どちらかと言えば劣勢である。

3. 将来の教育において，キャリア教育は，学校教育と学校外の民間サービス，教師による取り組みと教師以外の担い手による取り組みとのハイブリッドになっていくことも想像される。

トピック11

家庭，地域におけるキャリア教育

　広い意味でのキャリア教育は，学校だけが取り組むものではない。**学校を含めて，家庭，地域，職場など，社会総がかりで取り組んでこそ**，子どもたちのキャリア発達の支援は充実したものになるだろう。しかも，第11章で明らかにしたように，近未来の教育を想定すれば，学校以外の家庭や地域におけるキャリア教育の「出番」は，これまで以上に増えてくるとも考えられる。

　そうしたキャリア教育の将来像も意識しつつ，ここでは，**そもそもキャリア教育において，家庭，地域がどう位置づけられてきたのか**，今後その役割はどうなっていくのかについて，考えてみたい。

📖 家庭，地域との連携・協働

　現在の学習指導要領は，小・中・高校版のすべての「総則」において，「学校運営上の留意事項」として，以下のような規定を置いている。

■　　学校がその目的を達成するため，学校や地域の実態等に応じ，教育活

動の実施に必要な人的又は物的な体制を家庭や地域の人々の協力を得な
がら整えるなど，家庭や地域社会との連携及び協働を深めること。

　学校教育全般に及ぶことであるが，要するに，教育活動の実施において
は，**家庭や地域社会との連携・協働**が不可欠であるというのである。もちろ
ん，こうした内容の規定は，今回の学習指導要領で初めて登場したわけでは
なく，ずっと以前からの「定番」である。それは，公教育としてのタテマエ
から言われるだけでなく，「**コミュニティ・スクール（学校運営協議会）**」制
度[*1]を全国の学校に導入しようとする2000年代以降の施策を見るまでもな
く，この30年の教育政策が，「**開かれた学校**[*2]」を本気でつくろうとしてき
たことに反映されている。
　では，なぜ「開かれた学校」が求められたのだろうか。それは，消極的に
言えば，もはや学校だけでは，**さまざまな困難な課題を抱える子どもの問題
を，そして，社会変化に伴う多様な課題への対応を迫られるようになった教
育の役割を引き受けきれなくなった**からである。より積極的に言い直せば，
学校が社会に対して「開かれた」存在になり，家庭や地域社会と連携するこ
とを通じて，学校は，**子どもの学習保障や発達保障にかかわる本来の教育力
をより豊かにすることができる**からである。

📖 キャリア教育における家庭，地域との連携・協働

　こう見てくれば，キャリア教育においても，**家庭，地域との連携・協働が
求められ，家庭，地域との連携・協働によってこそ，学校におけるキャリア
教育が豊かに展開される**ということは，説明するまでもなかろう。

---

*1　トピック1にもあるが，2004年の「地方教育行政の組織及び運営に関する法律（地教行
　法）」の改正によって実現した仕組み。地域の声を学校運営に生かし，学校と地域が一体と
　なった学校づくりを進めていくために，それぞれの学校に「学校運営協議会」を設置できる
　ようになった。そして，2017年の地教行法の改正以降は，全国の学校にコミュニティ・ス
　クールを設置することが，努力義務となった。
*2　中央教育審議会　「21世紀を展望した我が国の教育の在り方について（第一次答申）」
　1996年

　実際，日本におけるキャリア教育の開始時，2004 年に出された調査研究協力者会議による報告書[*3] には，「キャリア教育を推進するための条件整備」として，以下のような記述が繰り返されていた。

> 　キャリア教育を十全に展開するためには，家庭，地域や企業等との連携を積極的に進め，学校外の教育資源を有効に活用することが不可欠である。

> 　キャリア教育を効果的に進めるためには，家庭，地域，企業，関係機関，関係団体等の理解と協力が不可欠である。そのため，キャリア教育の意義を，教育界から各界・各層に幅広く発信するとともに，関係機関等が……連絡・協議して推進していく場を，国，地域の各レベルで設けることが必要である。

　報告書が主張することの趣旨は，明快である。キャリア教育は，学校教育として取り組まれるが，子どもたちが学校を出て，社会に漕ぎ出ていくために必要な力量を獲得させるための教育であるという**キャリア教育の特質**ゆえに，**家庭や地域社会との連携・協働によってこそ，その取り組みを豊かなものにできる**ということである。

📖 家庭，地域との連携・協働の実際

　では，家庭や地域との連携・協働は，実際にはどのようになされるのか。キャリア教育について文部科学省（文科省）が作成した手引き[*4] は，キャリア教育における「家庭，地域，関係諸機関との連携・協力」のあり方と具体例を，以下のような 3 つの観点から整理している（表 T11-1）。

　1 つめは，**家庭，地域の側が**，学校と連携して協力できること。2 つめ

[*3]　キャリア教育の推進に関する総合的調査研究協力者会議　「報告書──児童生徒一人一人の勤労観，職業観を育てるために」　2004 年
[*4]　文部科学省　「キャリア教育推進の手引」　2006 年

表T11-1　家庭，地域，関係諸機関との連携・協力のあり方と具体例

【家庭，地域が学校と連携して協力できること】
- しつけ，子どもへの接し方
- 職場訪問，職場体験，インターンシップ
- 職業人による講演会
- 卒業生や地域の人々の体験談を聞く会
- 幼児，高齢者，障害のある人々とのふれあい体験
- 上級学校の教員による模擬授業，出前授業　など
- 働くことを通じての家族の会話
- 家庭における役割分担，家事分担
- 社会人講師による体験学習

【学校が家庭，地域に向けて発信できること】
- 学校だより，進路だより等による啓発
- 授業公開
- 家庭教育講演会
- 学級懇談会，地区懇談会
- キャリア教育講座，講演会　など
- 保護者会
- 行事公開
- 進路説明会
- 三者面談，進路相談

【子どもたちが家庭，地域のなかでできること】
- 家庭における役割分担，家事分担
- 職場見学，職場体験，インターンシップ
- 保育体験，福祉体験
- お祭り等地域行事への参加　など
- 街中探検，社会科見学
- ボランティア活動
- 自治会や公民館の活動

は，**学校の側**が，家庭，地域に向けて発信できること。3つめは，**子どもた
ち**が，家庭，地域のなかでできること。

　もちろん，ここに挙げられているのは，あくまで例示であって，これがす
べてではない。しかも，キャリア教育が開始されたときに出された手引きで
あるがゆえに，その後のキャリア教育の実践においては，ここにないような
取り組みが開始されていった可能性もある。例えば，トピック1で紹介した
ような，**地方創生**とかかわる取り組みや**「地域課題解決学習」型のキャリア
教育**などが，そうであろう。

　いずれにしても，家庭，地域と連携することによって，学校が単体で取り
組むよりも，はるかに幅が広く，多様なキャリア教育の展開が期待できるこ
とは間違いない。

📖「家庭，地域との連携・協働」論の落とし穴

　さて，読者のなかには，ここまでの説明を読んできて，ある種の「胡散臭

さ」を感じている人もいるのではないか。——その嗅覚は，実は鋭い。

　言ってしまえば，見てきたような「家庭，地域との連携・協働」論は，**学校の側ばかりに都合がよいものではないのか**ということである。キャリア教育の取り組みにおいて，学校と家庭，地域が連携することは，**学校の側には多大なメリット**がある。それは，論じてきたとおりである。しかし，では，**家庭，地域の側に，何らかのメリットはあるのか**。その点は，実は曖昧なままなのである。

　そうであれば，論じてきたような連携・協働は，学校の側にとっての「**理想**」ではあるかもしれないが，家庭や地域にとっては，**「お願い」ベースで要請されること**でしかない。そうした両者の**微妙な関係性**は，例えば，地元の学校から生徒の職場体験やインターンシップの受け入れを依頼された事業所が，実際には受け入れに積極的な理由などは見いだせないのだが，いわば地域内の「お付きあい」として，消極的ながらも生徒を受け入れるといったケースを想像すれば，よくわかるだろう。

　おそらく，こうした関係が続いていく限りは，そこでの学校と家庭，地域との連携・協働は，それを表面的に維持していくことは可能かもしれないが，豊かに発展させるといったことにはたどり着きそうにない。

📖「連携・協働」の対象の想定の甘さ

　もう1つ，キャリア教育において，学校が「連携・協働」しようとする対象には，これまた**学校の側にとって都合のよい相手だけが想定されている**のではないかという問題もある。

　要するに，漠然と「家庭，地域」と表現してきたが，そこでの「家庭」には，例えば，学校の側こそが手厚い支援をしなくてはならない**生活困窮層の家庭**や，教師にとっては厄介な存在である，いわゆる「**モンスター・ペアレント**[*5]」などは，おそらく含まれていない。同様に，そこでの「地域」には，**民間教育産業**はおそらく含まれない。

[*5]　学校（教師，管理職）や教育委員会などに対して，自己中心的で理不尽ではないかと思われる要求をしてくる保護者のこと。

　先に，キャリア教育に関与することの家庭，地域の側にとってのメリットという論点を提起したが，実は，民間教育産業には，自社が開発した**商品やサービスを公教育の学校に売り込む**ことができるのであれば，キャリア教育において，学校と連携・協働することには大いなるインセンティブ（動機）が働く。もちろん，それは，公教育としての学校にとっては，慎重に判断すべきことになるので，第11章で論じたような，文科省と経済産業省（経産省）のせめぎあいが生じたりもするのであるが。

　結論的に言えば，キャリア教育において，学校が「家庭，地域と連携・協働」することは，望ましいことであり，ここに異論をさし挟む者はおそらくいないだろう。ただし，それを実行に移す際には，**「理想論」を先走らせる**のではなく，現在の学校，家庭，地域（企業社会を含めて）をめぐる**「リアリティ」を踏まえる**必要がある。

　第11章で論じた今後の教育のゆくえを考えれば，キャリア教育を学校が独占するような状態は，早晩に幕を閉じるかもしれない。その先に，学校，家庭，地域による，どのようなハイブリッドな役割分担がなされていくのか，注視していく必要があろう。

トピック 12

エージェンシーを育てるキャリア教育

　本書を終えるに当たって，最後にもう一度，「キャリア教育は，何のためにあるのか」という根本的な問題に立ちかえりたい。この問いは，「キャリア教育は，誰のためにあるのか」という問いともつながっている。

　実は第1章では，キャリア教育のステークホルダー（利害関係者）として，**子ども，学校・教師，政府・文部科学省（文科省）**を取り上げ，それぞれにとってのキャリア教育のメリットを明らかにした。端的に言えば，子どもにとっては，「**社会に出ていくための力を身につける**」ことであり，学校・教師にとっては，「子どもたちの**学習意欲の向上を促すことができる**」こと，そして，政府・文科省にとっては，「**若年就労問題への政策サイドとしての対応をアピールできる**」ことであった。

　こうした意味で，キャリア教育の存在意義はステークホルダーごとに多様でありうるのだが，ここでは，子どもにとってのキャリア教育のメリット（意義）に焦点を当てたい。キャリア教育も「教育」である以上は，「子どもの立場」に立つことが，第一義的には重視されると考えるからである。

　そのうえで，第1章では「社会に出ていく準備」をする教育と，やや抽象的に表現したことを，「**適応**」だけではなく，「**抵抗**」の力を獲得することを

通じて，子どもたちが「**エージェンシー**」（詳しくは，後で説明する）を身につけていくことであると捉えていく。やや角度を付けた把握の仕方ではあるが，そもそも私自身は，この点にこそ，**キャリア教育の原点**があると考えてきたからである[*1]。

📖 教育における「社会化」と「個性化」，「適応」と「抵抗」

以下に述べることをよりよく理解してもらうために，あらかじめいくつかの概念と，その背景にある理論的な枠組みについて説明しておきたい。

これまでの教育研究においては，教育の目的や社会的な機能（役割）には，「**社会化**」と「**個性化**」があるとされてきた。社会化とは，子どもたちが，その所属する社会のルールや慣行，制度，文化，価値観などを身につけて，**社会的存在になっていく**ことであり，個性化とは，社会化のプロセスにおいて，自分らしさや個性を発揮し，**個性的存在になっていく**ことである。当然のことではあるが，社会化と個性化は相反することではなく，子どもたちの発達においては，メダルの表と裏のように，同時に進んでいく。

そして，社会化を成し遂げていくためには，既存の社会やその秩序に「**適応**」していくことが必要であり，個性化を実現していくためには，適応だけではなく，時には「**抵抗**」していくことも必要となる。これまでの日本の公教育においては，戦前日本の天皇制国家の教育体制はおろか，実は戦後の教育においても，**過剰に「適応」の側面ばかりが強調されてきた**きらいがあるのではないか。そうではなく，今後の教育においては，「適応」だけではなく，「抵抗」の側面が適切に位置づけられる必要がある[*2]。

📖 キャリア教育で子どもと若者をキャリア形成の主人公に育てる

今述べたことは，「キャリア教育は，何のためにあるのか」を考える際に

＊1　拙著　『権利としてのキャリア教育』　明石書店，2007年，を参照。

＊2　本田由紀　『教育の職業的意義──若者，学校，社会をつなぐ』（ちくま新書）　筑摩書房，2009年，を参照。

も，きわめて示唆的である。

2000 年代初めの**キャリア教育の登場時の社会的背景**を想起してみよう。何度も述べてきたように，当時は，若者たちの就職難，フリーターなどの非正規雇用の急増，早期離職率の高止まりといった「**若年就労問題**」が社会問題化していた。そうした状況を前提として，キャリア教育が登場した。それゆえ，当時のキャリア教育は，子どもや若者たちに対して，「ともかくも，既存の労働市場に適応できるように努力せよ」と迫るような「**適応**」主義的**な特徴**を色濃く持っていたことも事実である。

しかし，本来のキャリア教育からすれば，そうした「適応」だけではなく，公正ではない労働市場や職場環境，理不尽な労働条件などに対しては，そこに「**抵抗**」し，状況を変えていくための力量を身につけさせることも必要な課題であったはずである。

「適応」も，もちろん必要である。それなくしては，若者たちは，職場で働いていくことはできない。しかし，同時に，不公正や理不尽なことに対しては，そこに「抵抗」していく力量を身につけることなしには，若者たちは，職場における，そして自らのキャリア形成における主人公になることはできない。

📖 生徒のエージェンシー

話は少し変わるが，OECD は，今後における教育のあり方（将来像）を構想するために，2015 年に「Education 2030 プロジェクト」を発足させ，2019 年には図 T12-1 のような「**ラーニング・コンパス 2030（学びの羅針盤 2030）**」を発表した。

OECD の提言の全体像についての説明は，他書での解説[*3] などに任せたいと思うが，この提言において 2030 年の教育を展望して何より重視されたのは，教育の目的に「**生徒のエージェンシー**」の育成を置くことであった。

エージェンシー（主体性，行為主体性）とは，「**変化を起こすために，自**

---

*3 例えば，白井俊 『OECD Education2030 プロジェクトが描く教育の未来』 ミネルヴァ書房，2020 年，を参照。

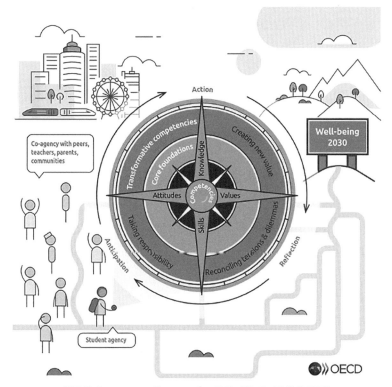

図 T12-1　ラーニング・コンパス 2030（学びの羅針盤 2030）

分で目標を設定し，振りかえり，責任をもって行動する能力」であると定義
される。社会の変化にただ受動的に付いていくだけではなく，**自ら能動的に
変化を起こしていけることが，エージェンシー**である。そうしたエージェン
シーを獲得するためには，学習において「**見通し**」→「**行動**」→「**振りかえ
り**」というサイクルをたどりつつ，「**知識**」「**スキル**」「**態度**」「**価値**」にかか
わる資質・能力を身につけることが必要であるとされている。

　あらためて，キャリア教育の問題に立ち戻れば，「適応」だけではなく，
「抵抗」の力を獲得していくことを重視するキャリア教育とは，結局のとこ
ろは，「ラーニング・コンパス 2030」がいう**エージェンシーを育てる教育**で
あるということになるだろう。

📖 手がかりしての労働法教育（ワークルール教育）

　そうだとすれば，キャリア教育において，生徒のエージェンシーを育てるには，どうしたらよいのだろうか。「適応」と「抵抗」，どちらも大切な要素であるが，成立期以来のキャリア教育が，往々にして「適応」主義に傾きがちであったという点を踏まえれば，**「抵抗」の要素を，キャリア教育のどこで，どう担保していくのか**が，重要な課題になるだろう。

　もちろん，こうした点は，キャリア教育の出発時から，政策サイドでも意識していなかったわけではない。その1つの焦点は，**労働法教育（ワークルール教育）**[4]にあった。

　キャリア教育についての調査研究協力者会議が，2004年に提出した報告書[5]は，キャリア教育を進めるに当たって，子どもたちに**「社会の仕組みや経済社会の構造とその働きについての基本的理解」**を促すことが重要であるとしつつ，さらに踏み込んで，以下のように述べている。

> 　キャリアを積み上げていく上で最低限持っていなければならない知識，例えば，労働者（アルバイター，パートタイマー等を含む）としての権利や義務，雇用契約の法的意味，求人情報の獲得方法，権利侵害等への対処方法，相談機関等に関する情報や知識等を，子どもたちがしっかり習得できるようにすることが大切である。

　報告書によれば，こうした意味での労働法などの教育は，単なる知識の伝達としてではなく，**「現実の具体的な問題に即して学んでいくことが大切で**

＊4　厳密に言えば，「労働法教育」と「ワークルール教育」は，まったく同じ概念ではなく，後者のほうが意味が広い。労働法教育は，「働くことに関するルール」とそれを実施するための法制度に関する教育であり，ワークルール教育とは，「働くことに関するルール」とそれを実施するためのさまざまな枠組み（労働に関する法制度だけではなく，社会保障法や，紛争解決の制度や相談・支援の活動など）についての教育であると言える。道幸哲也『ワークルールの基礎——しっかりわかる労働法』旬報社，2009年，を参照。
＊5　キャリア教育の推進に関する総合的調査研究協力者会議「報告書——児童生徒一人一人の勤労観，職業観を育てるために」2004年

ある」とされ，加えて，中学校卒業後あるいは高校中退後に働きはじめる者の存在を念頭におけば，「中学生あるいは高等学校 1 年生等の早い段階に実施する必要がある」とまで指摘されている。

　かなりの力の入れようである。もちろん，その後の学校現場において，こうした労働法教育について十分な注意が向けられ，相応の取り組みが行われてきたのかと問えば，正直に判断して，心もとないところはある[*6]。

　しかし，学校現場ではさまざまな制約のゆえに，労働法教育に対して十分な時間を割くことができていなかったとしても，それはそのまま，学校現場が「労働法教育などは不必要である」と考えていることを意味しているわけではない。

　また，労働法教育（ワークルール教育）の推進に関しては，文科省だけではなく，いや，もしかすると文科省以上に，**厚生労働省（厚労省）**が熱心な施策を展開している。厚労省は，いわゆる**「ブラック企業」問題**が社会問題化されたことなどを背景に，2009 年には報告書[*7]を提出し，ワークルール教育の現状や問題点を整理しつつ，その充実のための方策を提言した。その後も，ワークルール教育に関する高校向けのガイドブック（授業案）[*8]を作成して，全国の高校に配布したり，教師向けの研修の機会を設けたりしている。

　要するに，政策的な条件整備は進められつつあり，あとは，学校現場での取り組みに任されている状況であるとも言えるのである。

📖 シティズンシップ教育への発展

　労働法教育（ワークルール教育）は，子どもや若者が，キャリア教育を通

[*6]　とはいえ，新谷威ほか『中学・高校「働くルール」の学習——子どもたちにこれだけは教えたい』　きょういくネット，2005 年，橋口昌治ほか　『〈働く〉ときの完全装備——15 歳から学ぶ労働者の権利』　解放出版社，2010 年，等に見られるような実践の蓄積があることにも注目すべきであろう。

[*7]　今後の労働関係法制度をめぐる教育の在り方についての研究会　「報告書」　厚生労働省，2009 年

[*8]　厚生労働省　「『はたらく』へのトビラ——ワークルール 20 のモデル授業案」　2017 年

じて「抵抗」の力を獲得する，つまり，**社会に漕ぎ出していく子ども・若者が，自らの身を守り，さらには，職場の主人公として主体的な働き手になっていくための不可欠な「武器」**である。しかし，子どもたちが「抵抗」の力を身につけ，エージェンシーを獲得するには，労働法教育にさえ取り組めばよいわけではない。

　その意味で，エージェンシー育成のための教育は，より幅広い観点で「**シティズンシップ教育**」と結びついていく必要がある。シティズンシップ教育は，「市民性を育てる教育」などと訳されるが，狭い意味での有権者教育（選挙権の行使など，有権者としての行動ができるように育てる教育）だけではなく，**市民として行動していくための資質・能力を育てる教育**のことである。

　第4章では，キャリア教育の定義を，**キャリア発達**の支援であるとしたうえで，スーパーの「キャリア・レインボー」の理論を紹介しておいた。そこでは，個人のキャリア発達の課題の1つには，「市民」としての役割を自律的に果たすことができるようになることが位置づいていたはずである。本書のなかでは何度も強調してきたことであるが，キャリア教育を，ワークキャリアの問題だけに限定せず，幅広い意味での**ライフキャリア教育**として理解すれば，その延長上には，**キャリア教育とシティズンシップ教育との重なり**が見えてくる。そして，シティズンシップ教育と密接に結びついたキャリア教育こそが，ここで述べてきたような意味で，子どもたちのエージェンシーを育てる教育になりうるのである。

図表出典一覧

図 1-1　内閣府　「若者の考え方についての調査」　2011 年，図 2-7-5

表 1-1　著者作成

図 1-2　国立教育政策研究所 生徒指導・進路指導研究センター　「キャリア教育・進路指導に関する総合的実態調査 第一次報告書」　2013 年，p. 43

図 1-3　ベネッセ総合教育研究所　「小中学生の学びに関する調査報告書」　2015 年，資料編・基礎集計表（子ども票），p. 9 のデータより著者作成

表 2-1　国立教育政策研究所 生徒指導研究センター　「児童生徒の職業観・勤労観を育む教育の推進について（調査研究報告書）」　2002 年，p. 47-48 の表より抜粋

表 2-2　著者作成

図 2-1　キャリア教育の推進に関する総合的調査研究協力者会議　「報告書——児童生徒一人一人の勤労観，職業観を育てるために」　2004 年，第 2 章，図 2

図 T2-1　ある県の教育委員会の高校教育課発行の「キャリア教育だより」に掲載された図をもとに著者作成

図 3-1　著者作成

図 4-1　文部省　「中学校・高等学校進路指導資料第 1 分冊」　平成 4 年

図 4-2　中央教育審議会　「今後の学校におけるキャリア教育・職業教育の在り方について（答申）」　2011 年，p. 27

表 5-1　著者作成

表 T4-1　文部科学省　「大学における教育内容等の改革状況について」　各年度版のデータをもとに著者作成

図 6-1　文部科学省　「キャリア・パスポート（例示資料）　中学校（生徒用）」　2019 年，p. 6

図 6-2　文部科学省　「キャリア・パスポート（例示資料）　中学校（生徒用）」　2019 年，p. 7

図 T5-1　著者作成

図 7-1　中央教育審議会　「幼稚園，小学校，中学校，高等学校及び特別支援学校の学習指導要領等の改善及び必要な方策等について（答申）　補足資料」　2016 年，p. 7

図 7-2　図 4-2 と同様

図 8-1　文部科学省　「中学校キャリア教育の手引き」　2011 年，p. 67

図 8-2　文部科学省　「中学校キャリア教育の手引き」　2011 年，p. 81

表 T6-1　国立教育政策研究所 生徒指導・進路指導研究センター　「平成 30 年度職場体験・インターンシップ実施状況等結果（概要）」　2020 年，p. 3

表 T6-2　国立教育政策研究所 生徒指導・進路指導研究センター　「平成 30 年度職場体験・インターンシップ実施状況等結果（概要）」　2020 年，p. 11 の表より作成

表 T7-1　著者作成

図 T7-1　ベネッセ教育総合研究所　「第 2 回放課後の生活時間調査——子どもたちの時間の使

い方［意識と実態］　速報版」　2013 年，図 2-5

表 T7-2　青柳健隆ほか　「良いスポーツ経験が青少年のキャリア形成能力に与える影響」
　　　　『2015 年度笹川スポーツ研究助成』　2016 年，表 2

図 T7-2　カンコー学生服　「部活動で得たもの」調査，2018 年，図 2

表 9-1　浜銀総合研究所　「高等学校普通科におけるキャリア教育の実践と生徒の変容の相関関
　　　　係に関する調査研究報告書」，文部科学省委託調査，2015 年，図表 2-11 をもとに作成

表 8-1　著者作成

表 8-2　国立教育政策研究所 生徒指導研究センター　「児童生徒の職業観・勤労観を育む教育
　　　　の推進について（調査研究報告書）」　2002 年，pp. 47-48 の表（一部，脱字を補った）

図 8-1　図 4-2 と同様

図 8-2　文部科学省　「高等学校キャリア教育の手引き」　2011 年，p. 23 の図

図 10-1　著者作成

表 10-1　国立教育政策研究所 生徒指導・進路指導研究センター　「キャリア教育・進路指導に
　　　　　関する総合的実態調査 第一次報告書」　2013 年，表 6（p. 34），表 4（p. 33），表 11（p.
　　　　　36）の一部をもとに作成

表 T9-1　文部科学省　「令和 4 年度（令和 3 年度実施）公立学校教員採用選考試験の実施状況」
　　　　　2022 年，第 8 表をもとに作成

図 T9-1　グローバルプロデュース　「『中学校のキャリア教育』に関する実態調査」　2021 年，
　　　　　Q6

表 11-1　著者作成

表 11-2　著者作成

図 11-1　総合科学技術・イノベーション会議　「Society5.0 の実現に向けた教育・人材育成に関
　　　　　する政策パッケージ」　2022 年，p. 23 の図

表 T11-1　文部科学省　「キャリア教育推進の手引」　2006 年，pp. 26-27

図 T12-1　https://www.oecd.org/education/2030-project/teaching-and-learning/learning/　で
　　　　　示されている図（OECD のサイト内）

あとがき

　キャリア教育をテーマとして初めて論文を書いたのは，2004年のことである。連載というわけではないが，以後，学部の紀要に4本ほど続けて，この時期に開始されたばかりのキャリア教育の政策展開を追い，その背景，問題点や課題等について考察することをねらいとした論文を投稿した。今となって振りかえれば，未熟な草稿ばかりであったと痛感する。登場した直後のキャリア教育は，いまだその全貌が明らかではなかったうえに，人によって理解の仕方も異なっていた。当然，評価も定まってはいなかったといった事情があったにせよ，である。

　しかし，この時期にはじめた基礎的な研究作業をまとめることで，2007年には，拙著『権利としてのキャリア教育』（明石書店）を上梓することができた。この本では，思いきって私なりの座標軸を定めたうえで，キャリア教育の登場の社会的背景を押さえるとともに，刻々と進展しつつあった「政策としてのキャリア教育」のあり方を批判的な分析の対象とした。そして，本来はこうしたキャリア教育こそが求められるはずだという内容を「権利としてのキャリア教育」として描きだした。

　他方，この頃までには，学校現場においても，キャリア教育の実践や取り組みが蓄積されはじめていた。定番とも言える取り組み内容や教材なども登場し，それなりのかたちで現場に定着しつつあった。私自身は，しばらくはこうしたキャリア教育実践のウォッチャーであることを心がけ，学校現場を訪れたり，時には，キャリア教育に関する論評や問題提起を教育雑誌などに発表していた。

　2013年の拙著『キャリア教育のウソ（ちくまプリマー新書）』（筑摩書房）は，こうした研究活動を踏まえて上梓したものである。こちらの本では，研究の対象を，政策ではなく学校現場における実践の側に焦点化したうえで，

現場におけるキャリア教育の取り組みが陥りがちな「落とし穴」や「罠」を明らかにしようとした。自分自身としては，主張すべきことは主張したという実感はあった。

『キャリア教育のウソ』の刊行から，10年が経つ。正直に心情を吐露すれば，もう10年も経ってしまったという感覚が強い。

もちろん，その後も，キャリア教育については，機会があるたびに論文などを書いてきたし，学校現場や教育委員会が開催する教員研修で講師を務めたりもしてきた。実は，『キャリア教育のウソ』の延長線上では，若者に直接語りかけるような本として，『夢があふれる社会に希望はあるか（ベスト新書)』（ベストセラーズ）や『自分のミライの見つけ方』（旬報社）といった本も刊行していた。しかし，そうした仕事をこなしながらも，私自身はいつもどこかで，「まだやり残している仕事がある」という感覚に襲われていたのも事実である。

書籍としてのスタイルは違うが，政策分析（『権利としてのキャリア教育』）と実践分析（『キャリア教育のウソ』）はやり終えた。しかも，自分なりの観点から，かなり批判的な議論も展開した。ただ，そうであれば，「では，どうすればよいのか。キャリア教育にどう取り組んだらいいのか。」──研究としては，次にはこれが，ど真ん中のテーマになるはずである。現にあるキャリア教育を批判してきた以上，「では，どうすればよいか」を示すことは，私に課せられた宿題であると思ってきたのである。

しかし，この宿題に真正面から取り組むことは，そう簡単なことではなかった。「いつかは」とか「時間がある時に」などと，月並みな言い訳で自分をごまかしながら，結局は何もしないできた。そして，あっという間に10年が経ってしまっていたのである。内心忸怩たる思いはあったのだが。

とはいえ，世の中は捨てたものではないと言うべきか，そんな怠惰な私の前にも，救世主が現れた。1年ほど前のことになるが，キャリア教育についての入門書を書いてみないかというお誘いを，編集者の方からいただいたのである。自分のなかでも何かが吹っ切れたのかもしれないが，結果的にはこ

のお誘いが，私自身の背中を押してくれた。そして，そのおかげで本書はここにある。

　もちろん，本書は，初めて学ぶ人にもわかるように，キャリア教育の基本を読者のみなさんに届けようとしたものである。しかし，テキスト（入門書）というスタイルを借りつつも，個人的な感触としては，この10年間の宿題にようやく取りかかることができたのではないかとも思っている。まだまだ着手したばかりで，これで完成などということはないが，しっかりと踏みしめたいはじめの一歩である。

　最後になってしまったが，出版事情が大変に厳しいなか，このような機会を与えてくれた株式会社誠信書房と，企画当初から本が完成する最後の段階までしっかりと伴走していただいた編集部の小林弘昌さんに心から感謝したい。

2023年3月末

児美川　孝一郎

索 引

■ 著者紹介

児美川　孝一郎（こみかわ　こういちろう）

1993 年　東京大学大学院教育学研究科博士課程単位取得満期退学
現　　在　法政大学キャリアデザイン学部教授
　　　　　法政大学教職課程センター長

〈主な著書〉
『キャリア教育のウソ（ちくまプリマー新書）』（筑摩書房，2013）
『まず教育論から変えよう』（太郎次郎社エディタス，2015）
『夢があふれる社会に希望はあるか（ベスト新書）』（ベストセラーズ，2016）
『高校教育の新しいかたち』（泉文堂，2019）
『自分のミライの見つけ方』（旬報社，2021）
『日本の教育，どうしてこうなった？』（共著，大月書店，2022）
『保育・教育の DX が子育て，学校，地方自治を変える』（共著，自治体研究社，2022）
　　ほか多数

キャリア教育がわかる
——実践をデザインするための〈基礎・基本〉

2023 年 6 月 20 日　第 1 刷発行
2024 年 4 月 1 日　第 2 刷発行

著　　者　　児美川　孝一郎
発 行 者　　柴　田　敏　樹
印 刷 者　　田　中　雅　博

発行所　株式会社　誠信書房
〒112-0012　東京都文京区大塚 3-20-6
電話　03-3946-5666
https://www.seishinshobo.co.jp/

印刷／製本　創栄図書印刷㈱

キャリアカウンセリング
積極的関わりによる新たな展開

ノーマン・アムンドソン 著
高橋美保 監訳
石津和子 訳

好評仕事だけでなく人生に踏み込む新たな
キャリアカウンセリング。理論と具体的な方
法を多数掲載。多様な働き方が増えている現
代に必読。

A5判並製　定価(本体2900円＋税)

わかる社会人基礎力
人生１００年時代を生き抜く力

島田恭子 編著

大学の教養科目のひとつである社会人基礎力
を、心理学・社会学・経営学等の理論も交え、
学生と等身大の主人公とともに学べるテキスト。

A5判並製　定価(本体1800円＋税)